花が咲いたように
私の前に現れた２人

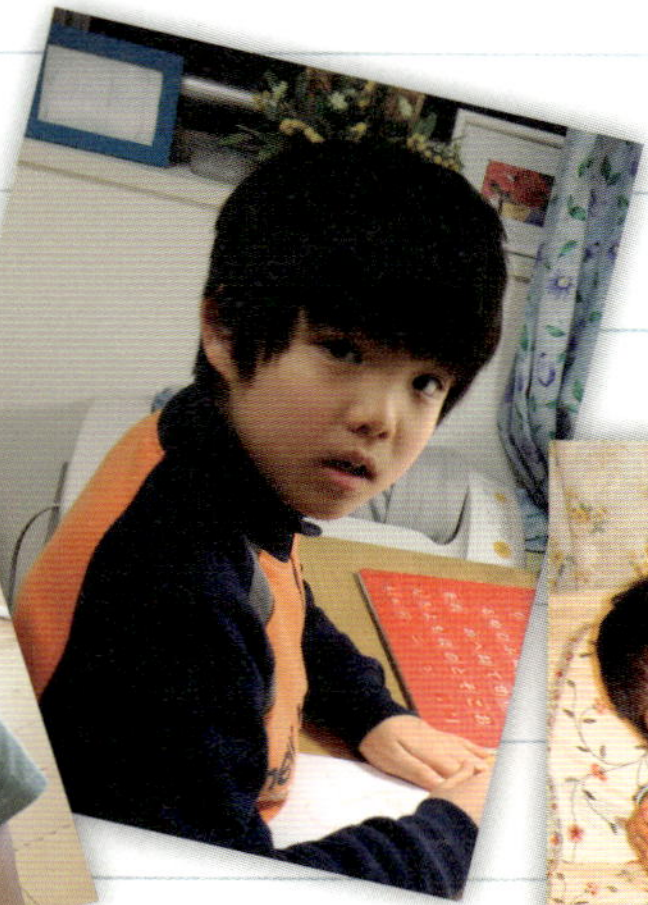

ツヨには　できないことが
たくさんあったけれど
生きること　働くこと
遊ぶこと
食べること　勉強すること
家や療育や学校で
すべて教えた

療育だけでなく幼稚園に行かせることに決めて
ツヨには大変かな？　と心配したけれど
両方のカバンを下げて　ママに笑顔で
（ふたつとも　たのしいよ！）
と身振りで伝えてくれたときは　うれしかった

毎日が楽しくて　コトと寝る直前まで遊んだね

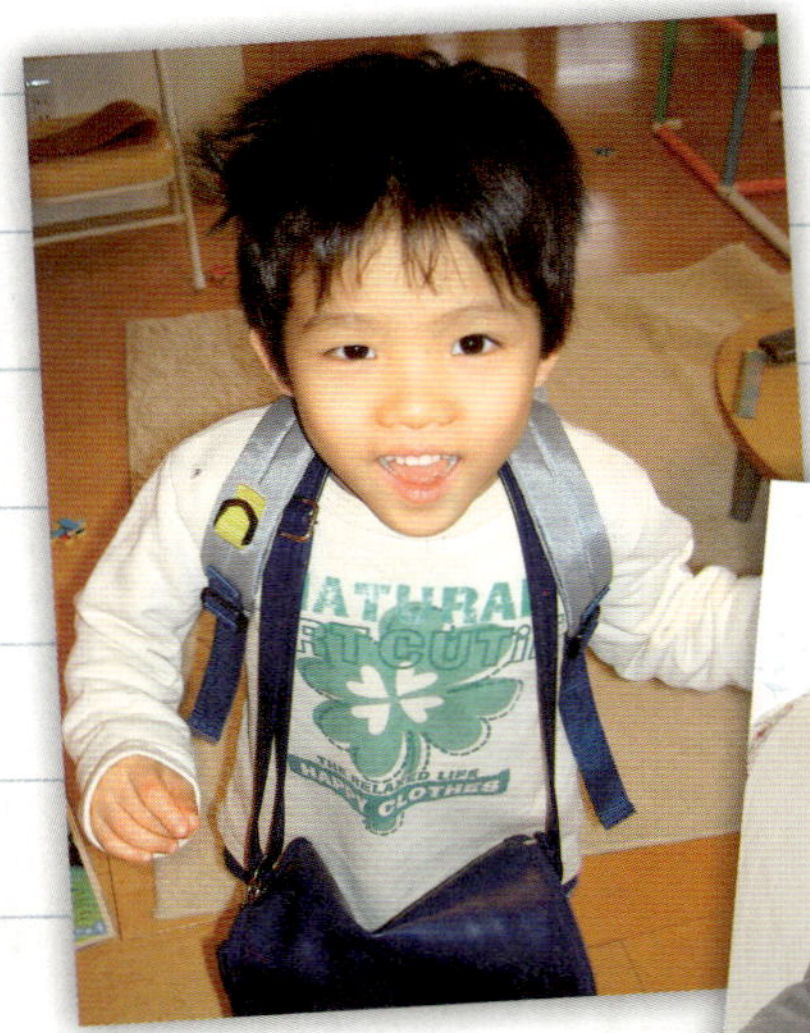

ひらがな　　100までの数
食べ物などの名前　　時計の読み方

おしゃべりはできないけれど
小学生のうちに　たくさんのこと
覚えていってくれたね

調理だって挑戦しました

走り回るツヨを追いかけて
水族館 遊園地 動物園 旅行　家族で遊びに行ったね
のんびり屋のパパは　ツヨをうまく連れて歩けないから
ママでも抱っこできて　追いかけられる小さいうちに
４人でいろいろなところに出かけました

乗り物が大好きだから　バスや電車もママと練習して
今では静かに乗ることができます

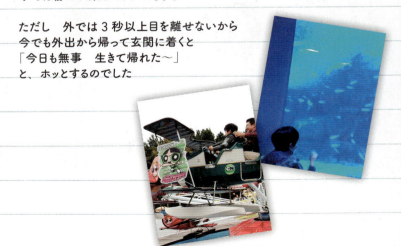

ただし　外では３秒以上目を離せないから
今でも外出から帰って玄関に着くと
「今日も無事　生きて帰れた～」
と、ホッとするのでした

季節の行事も大切に

誕生日もクリスマスも　ツヨには意味がわからないけれど
「行事」は生涯にわたって　わかりやすい　楽しい　おいしい
そして季節が巡っていることが実感できる
そんな大切な１日だから

（じんせい、たのしいな）
どうか　そう思ってくれるよう…！

家の中でも日々の習慣をしっかり
身に付けることができました
テレビのダンスの模倣で運動中かな？

歯磨きはママが毎晩 100 秒
虫歯はゼロ　電動歯ブラシ様様！

小学校ではマラソン大会にも
毎年出たね
反対方向に走り出したときは
ママは青くなったよ

今は　あの頃のおかげか
健脚の持ち主に

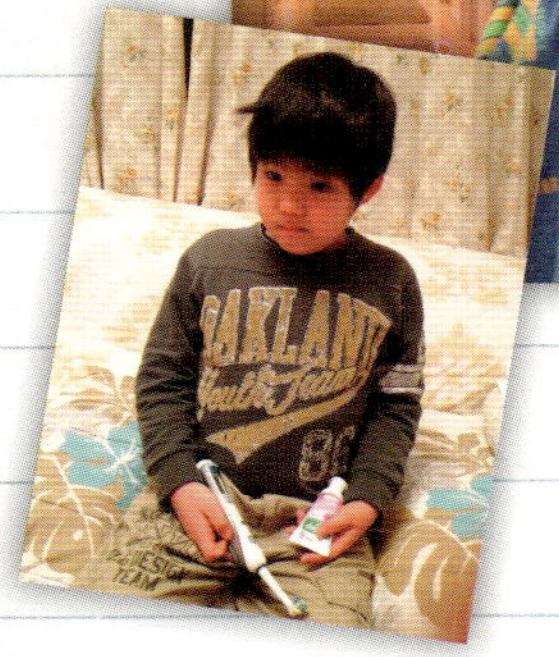

プールや海は
目が離せなくて命がけ

でも楽しかった！

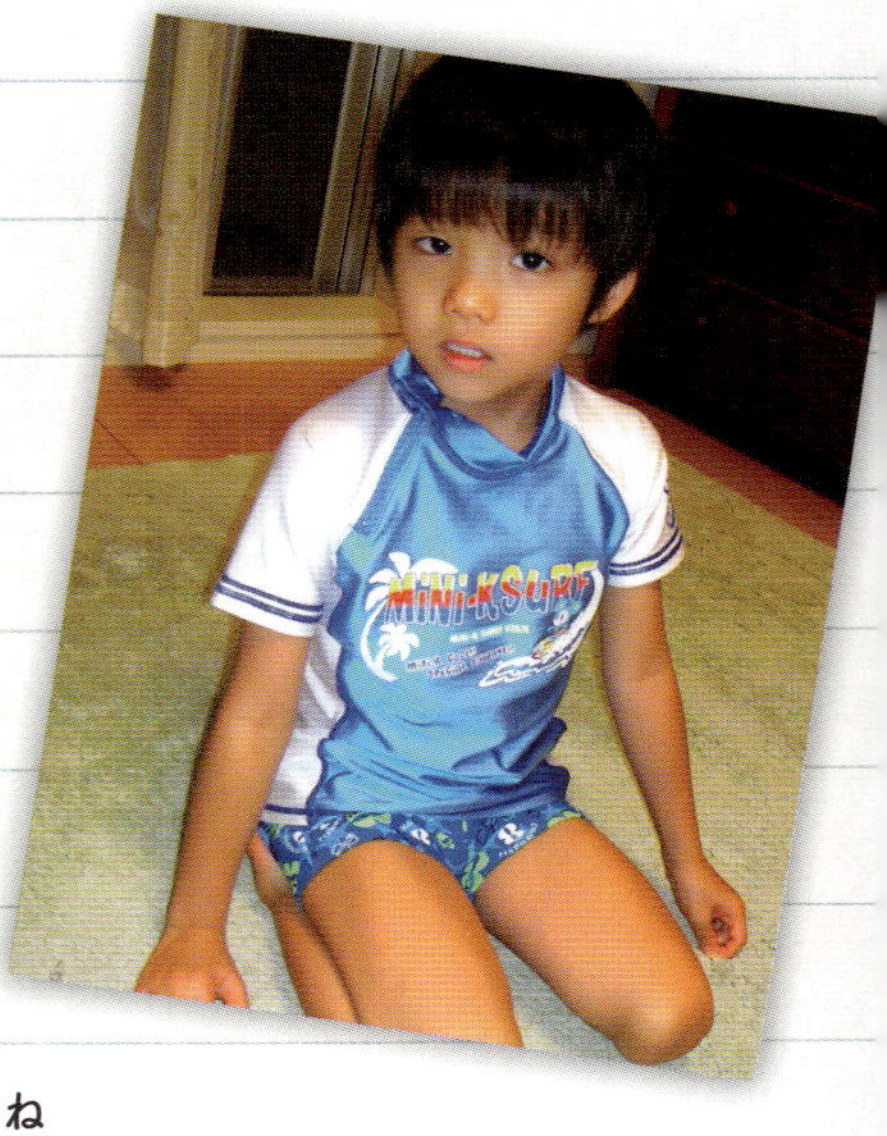

ASD の子は「自分のことは自分ですることに
喜びを感じる」と聞いて
難しいものは手伝うけれど
着替え　トイレはもちろん
お風呂　夜寝るのも　早いうちから一人
お泊まりの支度も　洗濯ものの始末も自己完結

自信をもって生活することが何より大事なのですね

たまにはツヨを預け
きょうだい児のコトと
2人でお出かけ

ママが自分だけに
向き合ってくれた思い出が
素直に育つ糧に
なってくれたのかもしれないね

東京見物　博物館
遠出の旅行　映画・観劇
体験させたいことは山ほど

ツヨのきょうだいは大変だよね
面倒をよくみてくれてありがとう

でもね　いつかママたちが
いなくなったとき
ツヨはあなたの人生の
支えになってくれることでしょう

学校の書き初め「希望」　意味はわからなくても
お手本を見て　字を書きます
そして卒業　社会の中の一員として旅立つ日

現在通う事業所で作った
タペストリー
刺し子の刺繍は　じっと座って
毎日丁寧に取り組めます
手提げバッグなどにも加工され
年末のバザーで多くの方が
買ってくれました

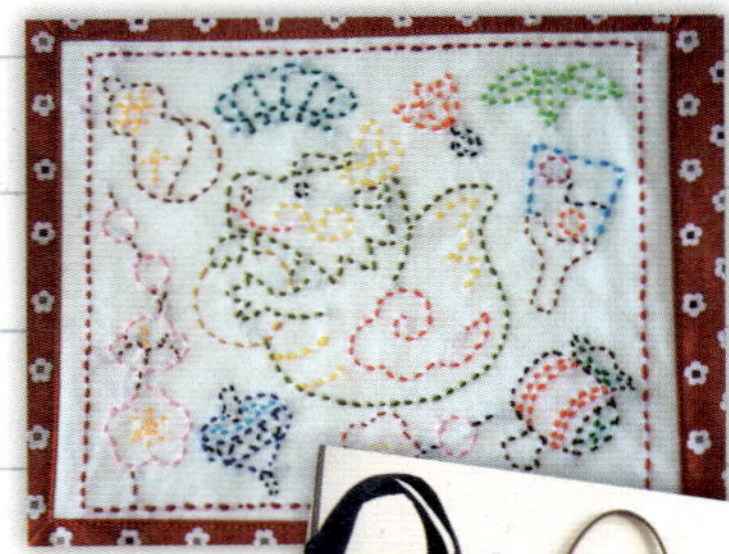

2 人とも
あっという間に　大人になって
こころとからだに
たくさんの宝物を抱え
新しい自分の道を　歩き出す

わが家の

双子は
ASD

発達障害の
子どもが
生きやすくなる工夫

長谷川桂子

中央法規

プロローグ

ハンバーガー屋の会計で小銭を出そうとして財布の中身に目を落とし、顔を上げたときだった。今まで隣にいたはずの、ツヨの姿がなかった。

たった三秒だ――。

私の体からすーっと血の気が引いた。息子のツヨは重度の自閉症の子。六歳だけど、知能は一歳。言葉は話せない。車も信号も、危険なことがわからない。つまり迷子になることはイコール命に関わるということなのだ。いつも手をつないでいるけれど、どうしても一瞬手を離さないといけないときがあって、あれほど気をつけていたのに、三秒の油断が招いた事態だった。

心臓が太鼓のように脈打つ。すぐに店員さんに応援を頼んで店内を捜索してもらう。

店内にはいない。外に出て行ったのか。こういうときは、やみくもに探さないで、落ち着いて、ツヨの行きそうなところはどこかをまず考える。

――そうだ。エレベーター！

このところエレベーターにこだわっていて、何時間でも乗ることがある。

小さな部屋がひたすらに上がったり下がったりを繰り返す。階を示すボタンがチカチカ光る。ドアが開いたり閉まったりする。その魅力にすっかり取りつかれてしまったのだ。

私は近くのスーパーのエレベーターホールへと走った。

チーン。エレベーターの一つが到着する。見ると中でツヨがぴょんぴょんと跳ねていた。

「ツヨちゃん！」

ハッとして、ばつの悪そうな表情を浮かべたツヨがエレベーターから降りてきた。ツヨと一緒に一人のご婦人が降りて、こちらを見ている。

「ぼくちゃんのママ？　ああ、よかった。ちょっと様子がおかしいから、見守っていたんですよ」

ああ。ご婦人、あなたは神様です。聞けば一緒に上がったり下がったりしてくださっていたとのこと。丁寧にお礼を告げ、そのあとツヨをぴしゃりと叱った。

「一人でエレベーターに乗ったらいけません！」

その場ですぐに叱らないといけない。でも、内心は見つかったうれしさと、さっきまでの恐怖感でいっぱいで、私はガクガクとおかしな動きをしていたに違いない――。


あれから十六年は経ったでしょうか。ツヨはハラハラする毎日をどうにか生き延び、知的には二歳のまま、二十二歳の青年になりました。やっぱり会話はできません。外では相変わらず三秒以上は目を離せないけれど、毎日きちんと生活介護事業所に通い、刺繍や園芸などの軽作業をこなします。こんなに落ち着きがないのに、集中して針仕事に没頭するのだから、何とギャップの大きいことか。年に一度の事業所のバザーでは、ツヨの刺繍はポーチやバッグに加工され、多くの方が買ってくれて、その日は私も鼻が高かったです。「じょうずだね」とほめると、ぴょんぴょん飛び跳ねてクールな表情が心なしか喜んでいるように見えるし。何ともかわいいやつなのです。

言葉の話せないツヨは、かつて気持ちを伝える術をもちませんでした。こだわりは人一倍強くて、人に思いを伝えるには、暴れて泣くか、人を叩くか、自分を傷つけるか……そんな日々の繰り返し。今の姿からは想像できません。では、どうして落ち着いて生活できているのでしょう。

それは次の三つの約束を作り、私が守ってきたからです。

①言葉に代わるコミュニケーション方法を身につけることを、三度のごはんより大事にしたこと

息子は現在二十二歳でＩＱ十六であるにもかかわらず、カードでの会話・筆談・ジェスチャーによって、必要最低限の意思疎通ができます。一〇〇個ほどの単語を「ひらがな五十音表」の指差しで伝え、内言語（心の中の声）はもっと多いと発達検査では言われます。主な訓練・学習の期間は、三歳から小学校高学年まで、療育センター・幼児訓練会・家庭・学校で行いました。

②本人にとって「不安ではない」環境を確保してあげること

「これぐらいできるかな」とこちらが思っても、子どもにとっては死ぬほど怖かったり不安だったりすることがあります。

そんなときはスケジュール表・カレンダーが必須です。さらに「無理にそれをさせる必要が本当にあるのか」を振り返ることが必要です。嫌がることをさせない。行かせない。見せない。聞かせない。刺激から守ってやること。みんなと同じようにさせたい思いはいったん横に置きます。

こだわりたいことはやらせてあげ、心の安定を図ります。ただし、甘やかすのとは違います。

③子どもと同じくらいに周りも成長すること

行動障害を起こす原因は、親・支援者の関わり方の間違いであることを、経験から学びました。子どもを常に肯定的に受け止め、こちらが間違ったときは関わり方を変えます。支援する側の気持ちをセルフコントロールすることと同時に、教育・福祉の環境も整え、行動障害を起こしにくい対応に合わせてもらえるよう働きかけました。

そうは言っても息子はなかなかのツワモノで、途中、何度もへこたれそうになりました。失敗したこともたくさんあります。「施設に入れなさい」と、再三言われました。でも、家族で何とか仲良く暮らしたい。大好きだから。ツヨのいない生活なんて、空っぽだからです。

きょうだい児についての悩みもあります。ツヨと双子であるコトが、小学校四年生頃から生きづらさを抱え始めたのです。やがて特別な支援を必要としない「知的障害のない軽度の自閉症」だということが判明し、小学校高学年・中学校・高校と、双子の思春期は問題山積み状態となっていったのでした。

人はおぎゃあと生まれたら、そこから人生という道を歩き続ける。たとえどんな道でも、たった一つしかない大切な道。私だって自分の道を歩いています。子どもたちとお別れしなければならないときも、いつか必ずやってくる。自分ばかりつらいなぁ、なんて不満を言っている暇はありません。うまく時間をひねり出して、友人たちと会うし、趣味のカメラを持って一人旅にも行きます。時間と体力は無限ではないのだから。

こだわりが強く言葉をもたない自閉症の男の子。多感で繊細な知的障害のない自閉症の女の子。タイプの異なる双子の自閉症が同時進行する大変さは相当なものでした。では、具体的にどのような工夫をして、困難だらけの日常を乗り越えていったのか——。ＡＳＤ（自閉スペクトラム症）の子どもをもった方や、関わりのある方に役立つよう、診断直後からまずは六歳までにしておくとよいこと、育児のノウハウなどを、筆者の体験をもとにご紹介します。

内容としては、ツヨのコミュニケーション面の学習の様子・こだわりへの対応・しつけ・身辺自立に加え、日常生活・集団生活・外出時のコツ、きょうだい児・コトの成長について。そして親の気のもち方や急病時への備え、利用できる福祉、家の中の安全対策、さらに幼稚園などへ伝えたい内容をまとめたサポートブック見本なども掲載しました。

これからも生まれ続けるＡＳＤの子どもたちが、少しでも生きやすくなるよう、そしてあなたの人生が、実りのあるすばらしいものになるよう心から願っています。

（注）以下、本書の中での自閉スペクトラム症の表記は、当時に合わせ、「ＡＳＤ」ではなく従来の通称である「自閉症」としました。

二人は
いつも一緒

第3章 幼稚園へ！ 人生を楽しむ

第6章 いつの日か筆談できることを夢見て

第7章 小学校での国語の学習と思春期の嵐

column

豆知識

第 1 章

ASD（自閉症）と診断されて

はじめまして不思議な赤ちゃん

二〇〇二年十月二十二日、結婚七年目にしてわが家に待望の赤ちゃんがやってきました。男女の双子です。一人は逆子だったので、少し早めの三十七週に帝王切開で出産しました。体重は二人とも標準より少ない二四〇〇グラム前後でしたが、元気な赤ちゃん！　退院時の健診も、一か月健診も、特に何の問題もなく、二人は元気に育っていきました。

女の子がコト。男の子がツヨ。手がかかるのは、女の子のコトのほうです。コトはとにかく過敏な子で、それはそれはよく泣くのです。誰に似たのかなぁ……。

一方のツヨですが、手がかからなくておとなしい、育てやすい子でした。

そんなツヨは、どこか神聖な雰囲気のある赤ちゃん。病院の新生児室でアイドルのように人気で、退院のときは、看護師さんたちが別れを惜しんでくれました。

双子が〇歳児だった一年間はあまりに大変だったのでほとんど記憶がありません。双子育児、恐るべし。一歳になる頃から、やっと余裕が出てきて、ツヨとコトを二人乗りのバギーに乗せて散歩に出るのが日課となっていました。

ある日思い立って、まだ歩けないコトを見晴らしのいい広場に座らせて、よちよち歩きのツヨを小道によいしょと立たせてみたときのことです。初めてお外で立ったツヨは、小道の緩いカーブに沿ってどんどん歩き出しました。小道の縁を見て、それに沿って歩くことに夢中になっています。

「ツヨちゃん、待って」

　私は声をかけました。それでもどんどん歩くツヨ。

「よーし。じゃあママ、隠れちゃおうかな？」

　木の陰に隠れてチラッとツヨを覗くと、私の姿が見えなくてもまったくお構いなしの様子。広場で座っているコトの姿がどんどん遠ざかっていきます。これ以上はダメだと思い、ツヨを追いかけて抱っこし、バギーに戻しました。ツヨは何事もなかったかのように無垢で透き通るようなまなざしで、公園の木の葉が落ちていく様子に心を奪われていました。

〈ツヨは不思議な赤ちゃんだな〉

　ふと、そう感じました。

私の育て方が悪いの？

　二〇〇四年三月。双子が一歳半になるタイミングで、家族四人でマンションの七階に引っ越しました。この頃、私の中に得体のしれない不安が膨らんできていました。

「ツヨちゃん」

「……」

ツヨは、私が名前を呼んでも反応しません。まるで耳が聞こえていないように。一歳の赤ちゃんが喜びそうな、かわいらしい人形を手に私が近づくと、コトはきゃっきゃと喜ぶのに、ツヨは逆にサッと逃げる始末。そのくせ私の姿をチラチラ目で追っている。そして、まったく発語がない。不安は日に日に大きくなっていきました。

一歳半健診後、時々訪問してくれるようになった保健師さんに相談すると、区役所の「こども相談」というものを勧められました。「遊び方について気軽に聞いてみたらどうでしょう」と。

〈相談すれば、発達についての心配が解決されるかしら?〉

期待を胸に行ってみると、カウンセラーさんが育児で困っていることの聞き取りをしながら、ツヨの様子をみてくれました。

「一人遊びに加わるときは声をかけないで、後ろからそっとやってみてくださいね」

そんな助言を受け、家に帰ってさっそく試します。一人遊びをしている後ろからそっと近づく。私がおもちゃに触る。さっといなくなるツヨ。前から行ったって後ろから行ったって、同じじゃないかー！　とぼやく私がいるだけでした。育て方が悪いのかもと思い育児書を読むも、ツヨのような子どもの育て方など、どこにも書いてありません。

二歳の誕生日を迎えても、ツヨは相変わらずの調子でした。公園でマンションのお友達と会ったときも、おもちゃの貸し借りができないどころか、少しも交わって遊べません。やんちゃでわがままなふるまいとも違う。究極的にマイペースなのです。

スーパーや児童館に双子を連れていきたくても、ツヨはバギーのベルトをすばやく外し、どこかへ走り出してしまうので、危なくておちおち出かけられません。コトはママにべったりで、いつもそばにいてやらないとすぐに大泣き。周りの子どもたちに比べ、明らかに二人とも手がかかるように思えて、私は外に出ることに疲れ、次第に家に閉じこもるようになっていきました。

そんなとき、家に遊びにきてくれた父が私にこう言いました。

「――ツヨちゃんは、自閉症（ＡＳＤ）じゃないのか」

私の中でもやもやしていた「障害」についての疑いが、はっきりと意識された瞬間です。

「ツヨは私に甘えてくるし、目も合うし気持ちが通じ合っている。自閉症じゃないよ」

私は父の指摘にドキリとしながらも、受け入れる気持ちになれませんでした。

私は大学で教育学を専攻し、障害児教育の講義を履修する機会がありました。大学二年生の夏休みだったでしょうか、ある小学校で介護体験をしたときのことです。特別支援学級で出会った自閉症の男の子は、自ら心を閉ざした無口な少年に見え、ママが大好きで甘えん坊でよく笑うツヨとは、まったく違う気がしました。自閉症なんて、そんなはずはない。ツヨはいろいろなことができるし、きっともうすぐ……そう祈るような気持ちでした。

診察を受ける決心へ

障害なんて、そんなはずはない！　と願う私の希望が崩れ落ちる瞬間は、突然訪れました。毎月送られてくるコトの通信教育教材の中に、一冊の親向けの付録があり、パラパラめくると、こんな文が目に飛び込んできたのです。

「二歳で一つも発語がないのは知的障害か自閉症」

「スプーン等の使い方がわからないなら知的障害。指差しをしないなら自閉症」

頭をガンと殴られたようなショックです。「ツヨは普通じゃない」ことをはっきりと突きつけられました。気になる場合は、専門医にかかるべきだとも書いてあります。

ところが、この九か月間通い続けた「こども相談」のカウンセラーさんは、決して自分から専門医の診察を勧めませんでした。ある日、彼女の前でついに意を決して、

「専門の医師の診察を受けたいです」

と声を振り絞りました。すると、「地域療育センター」と書かれたパンフレットが、用意されていたかのようにすっと差し出されたのです。

「自閉症」の診断を受けた日

療育センターに電話をかけると、診察は半年待ちとのこと。そこで、保健師さんが紹介してくれた「区役所療育相談」に飛びつくように申し込みました。ツヨは二歳四か月になっていました。

当日は、パパにも午前中の仕事を休んで同席してもらいました。超が付くほどの仕事人間のパパで

すが、大切なことなので今回だけは夫婦そろって聞く必要があります。私から話すより専門医から直接聞いてもらったほうが納得もするでしょう。コトも連れて、四人で向かいました。

まず「発達検査」を受け、生まれたときの様子、赤ちゃんのときの様子、どんな遊びが好きか、具体的な遊び方、こちらの働きかけに対する反応など、私たちもいろいろ質問されます。次に医師とスタッフだけで別室で相談したあと、医師が神妙な面持ちで戻ってきました。

「お子さんには自閉症の特徴が出ています」

と切り出され、自閉症の診断基準の説明がありました。緊張して、ただただ聞き入るだけだったので話の細かい内容は覚えていないのですが、自分なりにまとめると次のようなことでした。

自閉症の特徴① 社会性・コミュニケーション能力に障害がある

つまり、「他人と社会的関係をうまくつくれない」ということです。

「言葉が出ない、こちらの言うことが理解できないことも障害が原因です」

固唾《かたず》を飲んで医師の説明に聞き入りました。無口・内向的など性格や情緒の問題のレベルではなく、「話す能力」をつかさどる脳の領域の機能不全らしいのです。

「お子さんの場合、この先も言葉が出ることは難しいかもしれません……」

医師は申し訳なさそうに、そう言いました。

実際、ツヨは話しかけても無反応なうえ、マイペースで協調性のかけらもないのです。そういう態度が性格ではなくて障害のせいだとしたら、この先よくなることはないということ。絶望感が私の中にジワリと広がっていきました。

自閉症の特徴② こだわり・常同行動がある

つまり、「特定の物事への強い執着、繰り返し手を叩くなどの常同行動、ものの反復的な使用、オウム返しなどの反復的な発語などがみられる」ということです。

おもちゃを一列に並べるなど、本来の遊び方で遊ぶことができないのは、このためだったことがわかりました。決まった道順でしか歩かない、理髪店の店先でクルクル回転している赤・青・白の看板を目にすると毎回跳び上がって大興奮することなども当てはまりました。

偏食も、食べ物へのこだわりが原因だったのです。ごはん代わりに同じ銘柄のビスケットを一日何十枚も主食として食べ続ける。タンパク質は牛乳と卵に頼るしかない。この時期は肉・魚には手をつけませんでした。食べないと決めたものは断固として口にしません。

「親の育て方のせいではありません。先天的なもので、治ることはありません」

「これから先、親子で信頼関係をつくっていくことが重要です」

医師はそう付け加えました。

〈私の育て方が悪かったせいで、一向におしゃべりしないわけではなかったのだ！　でも、治らないということは、一生、言葉を話せないということなのか？　そんなむごいことがあるなんて……。ご

めんね、ツヨちゃん――〉

私が身を硬くして座っているパイプ椅子の下でツヨが寝転がり、甘えた瞳でこちらを見上げて「あー」と無邪気に笑っていました。

訓練会との出会い

こうしてツヨは、ついに「自閉症」という診断を受けました。

おしゃべりはしなくても「あ・うん」の呼吸で私とつながっている感覚はありました。ところが、よく聞いてみると、パパやおじいちゃん、おばあちゃんには、ツヨが何を考えているのかまったくわからないらしいのです。まさか、つながっているのは私だけだったとは！

一体どう育てたらいいのかと困り果てていると、ある日、保健師さんが電話をくれました。

「区内に障害児の親の会が開催する幼児訓練会がありますよ。見学に行ってみませんか？」

〈えっ。障害児？　訓練？　悲しい響きだけど、訓練が必要な子なのだ。何とかしなければ！〉

複雑な気持ちを抱えつつ、勇気を奮って見学に行ってきました。

幼児訓練会は、自治体からの助成金で成り立っている保育です。療育センターが整備されていなかった時代に親が発足させたものでした。一日の流れは、ドアのところでお母さんとバイバイするところから始まります。プログラムでは、一人で小さな椅子に座って、みんなで先生の紙芝居や絵本などを見ます。それから公園にお散歩に行き、帰ってきて、排泄・手洗い・お弁当、おもちゃ遊びと計三時間ほど過ごします。また、慣れるまでは親子で参加しなければなりません。

困ったことは、コトを訓練会に毎回連れてはいけないこと。今はきょうだい児のほうを預けるしかないと思いました。保育園の一時預かりでも子育てサポートシステムでもいい、借りられる手は借りていかなければ。そこで未就園児クラスがある幼稚園を探すことにしました。コトのおむつ外しも完全にはできていない状態の中、見学・体験入園・面接を経て入園が決定しました。毎回ピーピー泣くコトをなだめつつ、ツヨを抱っこして私は奔走しました。そうして、やっとのことで通い始めた未就園児クラス。

「ママー！　うわーん！　うわーん！」

コトの盛大な泣き声に、後ろ髪を引かれる思いで訓練会に向かうツヨと私。これでいいのか正解がわからないけれど、進むしかありません。

一方の訓練会でも、親子分離というものが難しい状態でした。ツヨはドアのところで私にしがみついてなかなか離れず、

「ぎゃーっ！」

とのけぞって、この世の終わりかというくらいの大泣きです。でも先生は、

「ツヨちゃん。おいで。ママも焦らないで、ゆっくり慣れていけばいいよ」

と大泣きのツヨを抱きとってくれました。そのおかげで親の待機する部屋まで響くツヨの泣き声が、やがて二十分から十分になり、一か月もするとツヨはやさしい先生に自分からしがみついていくよう

になったのでした。

そして四か月経ち、三歳が目前に迫ってくる頃になると、いつの間にかツヨはいそいそと靴を脱いでドアから入り、自分を助けてくれる大人を信頼し、プログラムを楽しめるようにすらなったのでした。魔法のような成長がうれしくて、先生から自閉症の子の扱い方を必死で教わりました。先生はコトのおむつが取れていないことにも気づき、

「コトちゃんのこともきちんとみてあげたほうがいい」

と、はっきり忠告してくれ、私は子育てが待ったなしであることを実感し反省しました。

ツヨが訓練会で過ごす間、私は障害児・者の親の会に入会し、待機部屋で情報交換などをしました。親の会のママたちと話していると、時に困りごとの自慢大会が始まります。自閉症の子どもたちは、びっくりするような事件をやらかしてくれるので、話題には事欠きません。わが子の話でいつも盛り上がるのでした。

column

私だけじゃない！　同じような境遇のママがいる

自閉症といってもいろいろなタイプの子がいて、訓練会や療育センターで出会ったママたちは、それぞれ大変なようでした。**自閉が重い。知的に重い。そして、感覚過敏や偏食、多動、衝動性がある。**幸いおしゃべりができても、今度は発言が突拍子もなくて周りを閉口さ

せる。そんなふうに親の悩みどころはいろいろでした。**幼いきょうだい児を抱えて大変なママ**もたくさんいました。

先輩ママたちの**体験談**に笑い、先生たちの**アドバイス**を必死で吸収して、自分の家族の未来がほんのちょっと見通せた気がしました。

何より、それまで誰にも話せなかったツヨの様子を、「うんうん、大変だね」と、ASDのことをよく知っている人たちに聞いてもらえて、**つらいのは私だけではなかったのだ!**と心底ほっとしました。親子で家に閉じこもらないで、一歩を踏み出してみる。すると、何かが少しずつ動き出すかもしれませんね。

強烈な偏食に対応する日々

自閉症にはいろいろなタイプがありますが、共通点があります。それは、独特の「こだわり」をもっているということです。

着るものや動物、乗り物などに強くこだわる子もいますが、ツヨのこだわりの一つは食事面。極端な偏食があり、食べ方も独特でした。

同じ銘柄のビスケットや白いごはん、海苔《のり》、ふりかけ、ケチャップ付きのポテトなど、食べるものが限られていました。食べ方にもこだわりがあります。人の手を道具のように使うのです。工事現場のクレーンを操るような動きなので、クレーン現象と呼ばれます。ほしいものがあると、私の手を冷蔵庫のほうに向けるしぐさをして、

「ぎゃー！（持ってこい！）」

と椅子に座ったまま叫ぶのでした。何を求められているのかわからないので、

ママ「これ？」

ツヨ「ぎゃー！（ちがう！）」

ママ「じゃ、これ？」

ツヨ「ぎゃー！（ちがう！）」

私は正解にたどり着くまで冷蔵庫と食卓の間を何往復もさせられます。ゼーゼー。

いざ正解しても、最後の一口をちょっとずつお皿に残したり、服にこすりつけたり、一口食べるごとに洗面所に手を洗いに行ったりと、不思議な儀式がたくさんありました。食べるものの順番も厳密に決まっていて、毎日同じ手順で食事をします。

言葉が話せないこと、こだわりがあることって、お互い何てつらいのだろう……と疲れ切ってこっそり泣いた日もありました。

双子の進路を考える

二〇〇六年、ツヨは療育センターで正式に診察を受け、改めて「知的障害を伴う自閉症」という診断名をもらいました。本格的な療育は四月からのスタートです。

せっかく生まれてきたツヨ。つらいだけの人生では、あまりにかわいそうです。少しでも人生を楽しんでほしいと、親として願わないではいられません。きっと、常に誰かの助けを借りて生きることになるでしょう。だからこそ人を信じて頼ることを覚えてほしいと願います。

同時に、私にも親のやるべきことが少しずつ見えてきました。自閉症について学び、ツヨの特性を周りに伝え、福祉への橋渡しをする役目があることに気づいたのです。

一方、娘のコトも四月から始まる幼稚園に向けて、体験入園をすることになりました。以前通った未就園児保育の幼稚園は少し遠いので、別の幼稚園の入園が決まっています。

保護者説明会もあるため、ツヨの子守り要員として、この日はパパも一緒に行ってもらうことになっています。パパはどんな人かというと、不器用で口下手な人です。土日に遊んでやること以外に、子育てで自分にできることは何もないと思っているようです。でも、具体的に頼めば一生懸命頑張ってくれます。忘れん坊だけど、この日のことは前々から何度も伝えたので大丈夫。土曜日の九時に家族四人で出発！

幼稚園に着き、コトはおそるおそる指定された教室へ。

「ママは外でお勉強しているから、ここで先生と遊んでいてね」

と、事前ににこやかに告げておきました。すると、

「はーい」

という返事。こちらがニコニコしていると、つられてご機嫌になるコトです。今日はママも近くにいるから泣かないで頑張れるはずです。

四月からコトが幼稚園バスで毎日幼稚園に行ってくれたら、だいぶ楽になるはず。そんな期待を胸に、私は体験入園と同時に行われる保護者説明会へ。パパとツヨは園庭で遊んでいます。

〈ああ、もしツヨが健常児だったら、二人でおそろいの園児服を着て、かわいかったろうな〉

ちょっと妄想。イヤイヤ。考え始めるとまた暗くなってしまうので、やめましょう！

第 2 章

この子、まったく言うことをきかない！

療育センターで
勉強するよ

コトとツヨの初登園

二〇〇六年四月、双子三歳半の春。コトの幼稚園が始まりました。

家にツヨを一人にできないので、朝と午後はコトの幼稚園バス乗り場まで一緒に行きます。泣き虫のコトが、私の予想に反して喜び勇んで幼稚園バスに乗ってくれるので、大いに助かりました。

バスの車窓のコトに笑顔で手を振ったら、次はマイカーでツヨの療育センターに出発です。ところが、ここでふと横を見たのがいけなかった。コトの幼稚園バスを見送った場所では、ママたちの楽しそうなおしゃべりが続いていたのでした。

〈あれ、何だろう、このみじめな気持ちは。どうしてツヨだけ、普通の幼稚園に行けないのかな。どうして私だけ、こんなに走り回らないといけないのかな。私も井戸端会議に入りたいな〉

つないだ手の先には小さなツヨが、私を見上げています。

でも、私の持ち前の前向き思考も負けていません。気を取り直して療育センターに向かいます。

〈もし二人とも健常児だったら、私もショッピングにママ友とランチに……〉

なんて妄想はポイポイッと路肩に捨ててやりました。

ツヨのスケジュールは、金曜日は幼児訓練会、火曜日・木曜日の週二回は療育センターの通園。療育センターは隣の区にあり、マイカーで四十分ほど。外来エリアと通園エリアがあり、感覚的には通常見かける幼稚園よりも大きいようです。コンクリート二階建ての重厚感のある建物で、園庭にはブランコやトランポリンなどの遊具までそろっています。ツヨと一緒に診察や発達検査で何度か来たことがあり、十回のオリエンテーションにも二か月通ったので、私は初めての場所ではないつもりでいました。

ところが、いつも来ていたのは外来エリアで、通園エリアに入るとツヨの顔色がさっと変わりました。つないだ手から伝わる不安感。何だか嫌な予感がします。

教室に到着。クラスの親子みんなで集まって、ご挨拶、手遊びなどが始まりました。一クラスは六人のみ。泣いている子や、輪に入らない子など、みんなバラバラ。まぁ、三歳の自閉症の子どもたち。当然です。

プログラムにはまったく興味を示さないツヨ。そのうち機嫌が悪くなってきました。すると、次は親子分離でのオリエンテーションのため、子どもはプレイルームへ移動とのこと。

〈プレイルームはツヨが好きだからよかった！〉

ホッとしながら連れて行くと、喜ぶどころか怒って強くのけぞって床に倒れ込み、プレイルームに入りません。ツヨは自分が予想していたものと違う展開になることに対して、強く抵抗するタイプで、これが私を苦しめます。抱っこをしてくれようとする先生に対し、ツヨは体を突っぱねて嫌がるので、私はツヨを連れたまま、親向けのオリエンテーションに参加することになりました。

ツヨだけを残して子どもたちのいなくなった教室で、担任の先生を囲んで母親たちが自己紹介を始めます。穏やかでやさしそうなママたち。よかった。仲良くしていきたいな。

ツヨは、しばらく一人遊びをしていたものの、そのうち私のカバンから靴下を出して履き、

（かえろうよ、ママ。おもっていたのとちがうよ！）

の意思表示が始まってしまいました。次の予定は、先生の案内による療育センターの中の施設見学。ツヨも一緒に連れていこうとするも、

「ぎゃー！」

と暴れて、うちだけ途中からコースアウト。暴れるツヨを抱きかかえて右往左往していると、見知った外来エリアの玄関を見つけたツヨが、私の腕を振りほどいて走っていってしまい、そこで自分の靴を探してずっと泣いていました。それでも、ツヨは決して裸足のまま一人で外に逃げてはいきません。自分の靴を履いて、私と一緒に帰りたいのです。何十足もある靴を一足一足見て確かめて、

（ねぇ、ぼく、いえにかえりたい！　いっしょにくつをさがしてよ、ママ）

そんなふうに言いたげに、悲しそうに私の顔を覗き込むのでした。

〈もしや、ほかの子と比較するとツヨの障害はけっこう重いのかもしれない。ツヨをこの何分か預かることが、療育の先生たちですらできないのだから——〉

療育に期待していただけに、私は落胆しました。

〈もうやめたい！〉

〈いや、早まらないで。あきらめず通っていれば、何とかなるかもしれない。大きくなってもずっと私と二人で過ごすなんて、そんな悲しい親子になっていいの？〉

いろいろな考えがよぎります。ツヨを抱えたまま靴箱の前で立ち尽くしていると、ほかのママたち

が見学から戻ってきました。プレイルームの子どもたちと教室で合流し、やっと帰りの挨拶。最後までいられたことが、とにかくよいパターンとしてツヨの中に入っていればいいのですが……。

二人の激しい「ママこだわり」

初日は大騒ぎだった療育センターですが、それでも通い続けました。

ツヨの細やかな気持ちを読み取るのは難しいですが、目線や行動などから、ツヨにとって「ママは命！」なことはヒシヒシと伝わってきます。親子分離をするときに毎回大泣きをするので、かわいそうでなりません。その声のあまりの必死さに、一緒に別室で聞いていた担任の先生も、

「今日はダメですね。分離はあきらめましょう」

と無理をさせないでくれます。ツヨのいる部屋に急いで戻ると、ドアの前で、

「うわーん！　うわーん！」

と、この世の終わりかというほどの号泣。

たまらずドアを開けると、涙をぼろぼろ流してしがみつく小さな体。まだ療育センターに通い始めてたったの二か月。無理はさせ過ぎず、でもあきらめずにいきます。

一方のコトも、ママが見えないと不安でギャーギャー泣いてしまいます。少し幼いところと、不安感が強いところが心配です。気をつけてみてやらなければいけません。

豆知識

親子分離

子どもの行動範囲を狭めない。世界を広げるためにも！

母親と家にいるのが至福というお子さんも少なくありません。でも、**大きくなるまでに自宅以外での場所で支援者と過ごす経験を増やしていく**ことは大切です。

ツヨは、新しい場所でもドキドキしながらもやがて嬉々として臨める子になりました。「これは長所だね」と、先生や支援者からほめられます。

母親からの心と体の自立を目指すと、未来に向かってワクワクする楽しい世界が広がることでしょう。

それは子どもが大人になって、歳を重ねて、最期の日を迎えるまで彼らなりに立派に暮らすための礎ともなるのです。

話し言葉ではない。基本は「見せる」

ツヨの生きづらさを少しでも軽くしたい一心から、私は本を読んだり、先輩お母さんの話を聞いたり、インターネットで親の手記を読んだりして、子育てのヒントを探し回りました。ところが、得られる情報は苦労話ばかり。ショックだったのは、本には重度の自閉症の予後はよくないと書いてあったこと。なぜ決めつける？　確かに、漫然と育てていたら、そうなるかもしれない。でも、それではツヨに申し訳ない。そう。できることが、きっとあるはず。

第一の課題は「コミュニケーション」。何が好きなの？　何が嫌いなの？　どこへ行きたい？　何を食べたい？　その心の中をどうしても知りたい。私の思いは強くなる一方でした。

すると、視覚支援という方法があることを知りました。視覚支援とは、話し言葉の代わりに、絵・写真カードと呼ばれるものを見せて意思の疎通を図るコミュニケーション手段です。これだ、と思いました。講習会にも参加し、一通りの方法を理解しました。

さっそく近くの公園の写真を撮り、家の中で遊んでいるツヨにそっと見せると……。ツヨはハッとした様子で写真を見つめます。

「公園に行く？」

私はツヨに尋ねました。公園という言葉をツヨは知りません。ところが、聞かれている意味を察したツヨの表情がみるみるうちに輝き、喜び勇んで公園へ出かけていくではないですか。

こんなわずかな手間をかけてあげるだけで、こうもツヨの気持ちが安定するとは——。**話し言葉じゃないのだ。基本は「見せる」なのだ。**そこで療育センターの先生にもいろいろ相談しました。先生も忙しいなか、イラストや写真でカードを作ってくれることもありました。プログラムが切り替わるときにそうしたカードを見せると、

（つぎは、これをやるんだな！）

（つぎは、ここへいくんだな！）

と目を輝かせるツヨでした。

耳鼻科へGO！

ある日、何としても絵カードで説明しなければいけない出来事が起こりました。風邪が治って下がったはずの熱が、三十九度まで急上昇。ツヨは朝方ひどく泣き出し、私の手を取って自分の耳に持っていくのです。中耳炎かもしれないので、すぐに耳鼻科へ連れていかなければいけません。

耳鼻科に行き、抗生物質のお薬を飲む。これを説明したい！

耳鼻科の写真や薬を飲むイラストは手元にありません。しきりに耳を痛がるツヨ。現地の写真を撮って、カードにして、という手順を踏んでいる時間はありません。何とかしなければ。

以前、訓練会のときに、ツヨのことをよく理解してくれている先生に、

「ツヨちゃんは、こちらの言っていることや状況を結構わかっている。きっと、いろいろなことができるようになるよ」

と言ってもらったことを、ふと思い出しました。

〈私が描く絵で説明したら、病院へ行く必要があることをきっと理解してくれる！　よし。やってみるか〉

私は紙に下手な絵を描きました。「丸描いてちょん」レベルの人物。ああ絵心がほしい。

①悲しい人の顔に大きな耳

「ツヨちゃん。お耳がいたい。お耳がいたいです」

②もう一人の人が耳を診ている

「病院に行きます。先生がお耳を診ます。治ります」

ツヨが絵を見ました。そして、すくっと立ち上がりました。

〈おおっ！　わかったのか？　おとなしく出かけていくではないか！　私の絵がうまいのか？（**違います**）**〉**

向かった先は、コトの中耳炎でツヨも一度訪れたことのある耳

②　←　①

鼻科です。

すると、診察は多少嫌がったものの、泣くほどの抵抗はなく無事終了。下手な絵ですが、ツヨは耳を診てもらうことを納得できていたのかもしれません。よかった！　私は胸をなでおろしました。

帰宅後、問題は薬です。二歳の頃、風邪の水薬をスポイトで飲ませようとして、激しく抵抗したことがありました。今回も抗生物質の水薬。これを飲まないと中耳炎は治らない。また絵の登場です。

①耳が痛くて泣いている人
②スポイトで薬を飲んでいる人
③薬を飲んでニコニコしている人

三つの顔の絵を描いて、私はツヨに向き合いました。

「耳が痛いです。薬を飲みます！　痛いのバイバイ！」

絵を見せながら迫力をこめて説得します。すると、以前はスポイトを見ただけで逃げ回っていたのに、何やら考えているツヨ。どうやら理解しているらしい！

多少のプロレス的格闘はあったものの、最終的には私が床に座り、足の間にツヨを挟み込んで、いやいやながらもゴクン！

③　←　②　←　①

「やった！　薬が飲めるってすごいよ、ツヨちゃん！　えらいね！」

私は何だかすごくうれしくて号泣してしまいました。泣きながらたくさんほめてあげると、少し誇らしげな顔のツヨ。大げさかもしれないけれど、私の声の調子から本気を察してくれて、絵を見て納得して薬を飲めたことが、何だかすごく人間的なやりとりをしたように思えたのです。普通の子育てと、何ら変わらない部分だってあるのですね。

この出来事以降、風邪薬なども飲めるようになっていきました。

ただし、薬を飲むときはママの足の間に自分から挟まる！　という「儀式」が、しばらくこだわりになって、実に面白かった。はははっ。

叱るのは逆効果

さて、コミュニケーション面において進む方向性は決まったものの、ほかにも課題は山積みでした。第二の課題は「こだわり」。

生来の性格はおとなしくて、従順で、甘えん坊のツヨです。ところが年少の夏頃になると、発達がゆっくりであるツヨにも、ついに自我が芽生えてきたらしく、何と反抗期に突入したようでした。

どんな様子かというと、

- **外出時にパニックを起こして、交差点の真ん中で大の字でのけぞる**

・マイカーの乗り降りの際、車内をあちこち一通り触らないと次の行動に移れない
・車から無理に降ろすと烈火のごとく怒って暴れる

些細なことで一日何回もパニック。もうママとしてはガックシです。「知恵がついてくると、自閉症特有のこだわりがさらに強くなる」とも聞きましたが、これのことか！

パパは暴れるツヨを押さえようとしてメガネを飛ばされて、キレていました。家の中に不穏な空気が漂い、よくないほうへ向かっています。

そして、叱られると逆に怒ることがあって、成人男性でも手に負えないほど体を突っ張って抵抗します。この経験が「暴れる」という悪いパターンとしてツヨにインプットされてしまいました。

ツヨはこちらの言っていることを最近ほんの少し理解してくれるようになり、私は時々ツヨに命令するような口調や態度をとっていたのではないかと反省しました。こちらからはツヨに「要求」するのに、ツヨは「要求」も「反論」もできない。それが重なると、かわいそうに「暴れて反抗する」行動に出るしかない。もしそうだとしたら、よくないことです。こだわりは抑えつけないで、できるだけ尊重しなければ。

まずは外出時のこだわりへの対策を整理しました。

①外出時、ツヨが主張しそうなことを予測しておき、パニックを未然に防ぐ
②不必要な外出に付き合わせるなど、ツヨをこちらの都合に合わせることはしない
③必要な外出は、行き先の写真を見せ、納得させてから出発する

④こちらがイライラしないように時間にゆとりをもって行動する
⑤怒りたくなったらベランダに出て深呼吸

こうして整理しておくと、私の気持ちも何とか少し落ち着くのでした。頑張れ私。

豆知識

じょうずな病院のかかり方

現在は令和になり、いわゆる「配慮」の意識が高まってきています。最近の私は、内科や耳鼻科にツヨを連れていくときは、事前に電話をして、**「重度の大人の自閉症の息子を連れていきます。順番を待つことがなかなか難しいのですが、もし可能でしたら何かご配慮いただけますでしょうか」**と申し出ます。

すると、順番を早めてくれる等、病院が対応してくれることがあります。ダメもとで困りごとを相談してみてもいいですね。

こだわりだらけ

家の中で、こだわりを押し通そうとするので、手を焼いています。

その一つに、トイレのあと手を洗う際に水をジャージャー流しまくる、ということがあります。排水口に水が吸い込まれる様子を興奮状態でひとしきり眺めてから、私に促されてやっと手を水に出す。そしてかかっているタオルで手を拭いたあと、なぜかタオルを下に落とす。

〈何でやねん！〉

その後、いちいち洗面所まで行って、ティッシュを一枚持ってきて、トイレのゴミ箱に落とす。

〈だから、何でやねん！〉

トイレットペーパーを便器に詰め込んで、何度か水があふれかえったこともありました。トイレのドアの外の廊下まで、水たまりが広がってきているのです！　こだわりを尊重するスタンスではあっても、これに関してはそうはいきません。私は時に大声でツヨを叱り、時に泣きながら掃除をし、時にツヨに現場を見せながら言って聞かせました。――でも何も変わりません。ツヨは数日すると、またトイレを詰まらせるのです。

「あっ！」

（ママ、トイレがつまっちゃった！）

と、ツヨは私に一声叫び、叱られる前に自分の布団を頭からかぶって縮こまっていました。

家族のだんらんの時間であるはずの食事時すら、わが家では戦いのときでした。

ご飯はひとさじごとに、私の手をテーブルの上のふりかけのほうに「ブンッ」と投げます。

（かけて！）

最初にお茶碗の中にまんべんなくふりかけても、ひとさじごとにかけ直させられます。しかも大量に。隣で一緒に食事をしようとしている私は、何度も中断させられるのでした。私が食事を口に入れようとすると、今度は私の手を持って箸をおろさせます。手をぐいぐい引っ張って冷蔵庫に連れていき、

（もちあげろ）

の要求。何かと思うと、赤いフタのついたおしょうゆのペットボトルをツヨが手にして、冷蔵庫にすぐ戻します。意味がない……。どうやら、赤いものにこだわっているようです。腹ペコの母はワナワナ。こんな生活がいつまで続くのでしょう。楽しく食卓を囲む日が、いつかくるのかしら。

column

「こだわり」って何だろう

家から外出するときに、タンスの同じところを必ずタッチしないと家から出られないなどの行動がこだわり・常同行動です。

自閉症の特徴に「**人と見え方・聞こえ方・感じ方が異なる**」というものがあります。そんな混沌《こんとん》とした世界で不安をもって生きる中、**いつも同じように行動することで、心を安定させている**に違いありません。だからといって何でも許容するわけにはいきませんが、こだわりを強く禁止しすぎることは避け、周りも**できるだけおおらかに構えて**お互い心穏やかに暮らしていけるとよいですね。

ただし、危ないことや他人を傷つける行為、他人の敷地に入ってしまうなどの**不適切な行動は幼いうちからきっぱり禁止**してきました。

息子は「いつもどおり」をこのうえなく愛す、こだわりが非常に強いタイプの自閉症です。気持ちが落ち着かなくなると、こだわりがエスカレートして強迫的になっていくので、不安を和らげる精神安定剤も服用しています。

成長ホルモンなどの内的要因、台風などの気圧の変化・花粉症などの外的要因にも影響を受けているようにみえます。

生活に刺激を与えすぎないことがとても大切です。人、物、場所、自然環境……すべてが彼にとっては強すぎる刺激なのですから。

でも、こだわりによってよいことも起こります。**よい習慣としてこだわる**と、多くのことをスイスイ身につけることができるのです。

トイレでの時間排泄・立っておしっこ

さて、次の課題は「身辺自立」。

自閉症の子の排泄の自立は、個人差はあるが、健常の子と大きくは変わらないとどこかの勉強会で聞いたので、ならば気弱になる必要はない。時間はかかっても必ずおむつを卒業する！　と、強い意志をもって取りかかることにしました。

年少の夏から、家の中では徐々におむつの代わりにパンツをはかせるようにしました。一時間ごと

小学校１年生のとき毎朝洗濯物を干してくれたことはとてもよいこだわりでした！
学校の持ち物の準備（体操着の入れ替えや連絡帳を出すなど）は小学校１年生から高等部卒業まで毎日しっかり続けてくれました。そのほか、毎日のタオルたたみとごみ捨てなどが、大人になってもずっと続いている日課です。

にトイレに座らせる時間排泄です。座ってのおしっこはできています。療育センターに通園するときも、おむつを外して出かけることにチャレンジしました。立ち便器があるので、休み時間に私がトイレに連れていき、男の子なので立って用を足す方法へ、切り替えようという計画です。

療育センターの立ち便器の前に、いきなり立たされたツヨ。

ツヨ「……？」

ママ「シーシーおしっこ」

ツヨ「……？」

ママ「しーしー。シーシー！」

やりとりを続けることしばし。

ツヨ（……出ない……）

と、ツヨの緊張感だけを残し、初日は終了。

そして、家でも療育センターのときと同様のやりとりを繰り返すこと三日。おしっこがかなり溜まっているときを見計らって、その日もチャレンジしました。ちょうど日曜日で、パパのするところをあえて見せたあとを狙って、便器の前に立たせてズボンとパンツを膝まで下げたのです。すると、ついに出ました〜っ！

ツヨの顔を覗き込むと、自分が立っておしっこをしたことに驚いています。でも、まんざらでもない表情。

「すごい！　じょうずだねー！」

と絶賛すると、ツヨは心なしか、ちょっと得意げ？

一度覚えると定着しやすいツヨ。座って用を足していた習慣などすっかりどこかへ捨て去り、その後は得意げに立ってするようになりました。用を足して、フリフリっと振って、パンツとズボンを上げる。それから流して、便座のふたをして、手を洗って、電気を消して、ドアを閉める。一連の流れをあっという間に習得。

これをきっかけに、療育センター以外の外出時のおむつも外しました。まだ自分からはトイレに行かないのが課題。私が声かけをつい忘れると、おもらししてしまいます。寝るときはまだおむつです。

おむつ外しが大変なのは、普通の子育てでも一緒。焦らず気を大きくもっていきましょう。

七五三に挑戦！

双子の四歳の誕生日の少し前に、七五三詣をしました。コトは実年齢で三歳。ツヨは数え年で五歳という勝手な理屈をつけ、男女の双子なのに一緒にやるという荒業《あらわざ》。

ツヨに袴《はかま》をはかせたい！　という願望がムクムクとわき、チャレンジすることにしました。

本番の日の二週間ほど前に一度試着に行きましたが、ツヨはとても嫌がって、着物を羽織るだけで怒っていました。そこでママはひらめきました。わからないから、怖い、嫌がる。じゃ、こんなのはどうでしょう。写真屋さんの七五三のチラシに双子の顔をくっつけてみました。

本番当日。車の中でツヨに、合成写真を見せました。作戦は成功！　何と、ツヨはおとなしく袴をはきました！

袴姿、とてもとてもりりしかったです。コトもかわいらしく着飾り、うれしそうにはしゃいでいて、その場にはパパや両家の祖父母もいましたが、みんなうれしくて泣きそうでした。

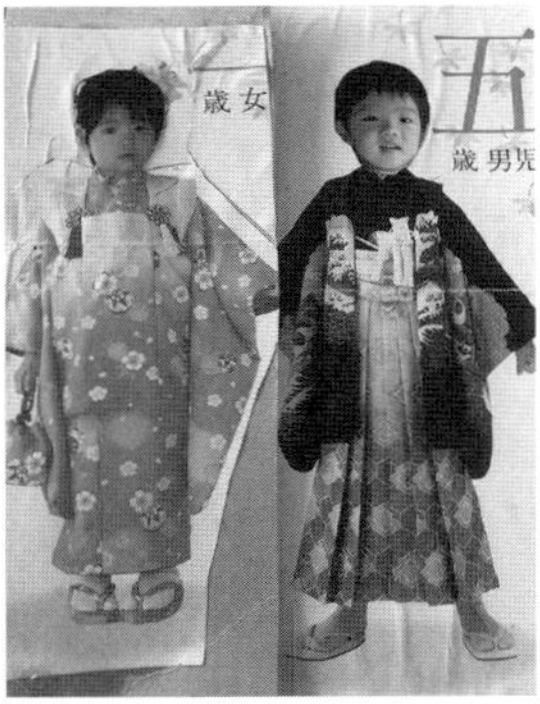

モデルの衣装に顔をくっつけた合成写真！

気持ちをわかってやれない悲しさ

四歳を迎えてすぐの頃、療育センターで発達検査を受けました。ツヨの様子を見ていて、発達指数が普通の子の半分はないだろうと予想はしていましたが、私の予想をさらに下回る結果でした。一年前の発達検査から、発達年齢がたった二か月分しか伸びなかったのです。「指差し」「バイバイ」「ちょうだい」といった、発達検査のチェック項目が一切できないためでした。赤ちゃんでもできるこれらのハードルを越えない限り、ある程度不自由なく生活できていても、結果は「一歳児」の判定となってしまうとのことです。

このまま実年齢が上がっていくと、発達指数が限りなくゼロに近くなっていくのではないか——。そんな不安を心理士さんに打ち明けたら、

「いや、お母さん。これから指差しとかできるようになりますから」

と言われたものの、にわかには信じる気になれませんでした。

〈ただ漫然と待っていて、そのときは来るのだろうか。この、意思疎通のできない感じ。愛想がなく見えてしまう態度。マイペースぶり。そして、伝達方法がないことの不便さとイライラ感（本人も母親も）を何とかしないと、だんだん煮詰まっていくのではないのか？　それではいけないはずだ〉

私はツヨが生まれたときから毎日そばにいる母親なので、「無言でも通じ合う部分」はあります。

でも、ツヨの本心をわかっているでしょうか。トイレットペーパーを詰まらせる行為一つにしても、表面的には、たくさん紙を流したいのだな、叱られると怖いのだなということはわかります。でも、その行動の背景には、何か別のことからのストレスが隠されているかもしれません。

絵・写真カードで要求

ツヨからの要求のためにカードを使えたらいいなと画策し、家で使うカードフックを自分で作ってみました。ツヨの好きなものをカードにしてぶら下げます。

「はさみ」「ジュース」「粘土」「クレヨン」「トイレのマーク」

粘土は久しくやっていなかったので、写真を見つけて、さっそくやりたくなったようでした。粘土のしまってある戸棚へ私を直接引っ張っていきます。が、ここで私が戸棚を開けてはだめです。カードを渡して要求する練習なのですから。

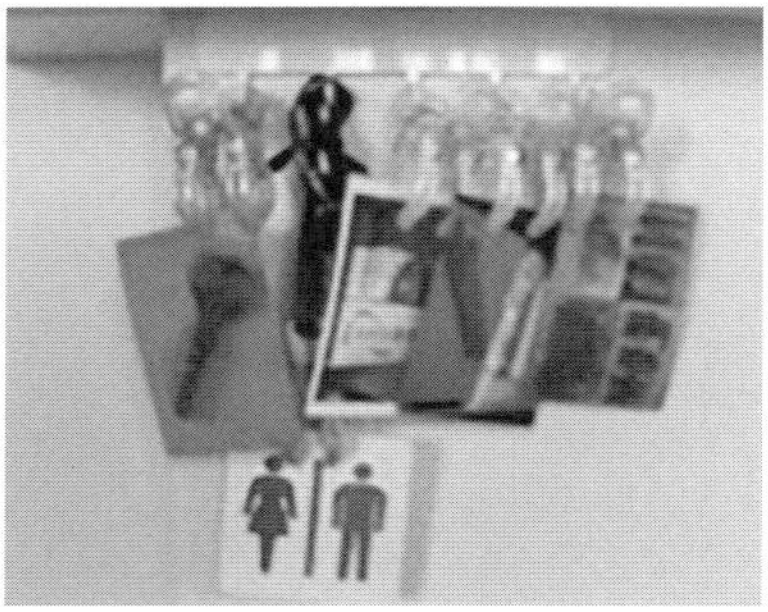

さあ、もう一度。

　写真を見つめるツヨ。

「じゃ、これ、ちょうだい」

　手を補助してカードを外させます。洗濯バサミで留まっているので、すぐに取れます。

「ママにちょうだい」

　私は手をちょうだいの形にしてツヨに差し出す。ツヨがカードを私の手にのせる。

「じょうずねー！」

　すぐ戸棚へ一緒に行って粘土を渡す。ツヨ、ルンルン。

　その後も、はさみ、クレヨンと立て続けに実行しました。目標は、自分からカードを選んで私に渡しに来ることですが、まだまだ積み重ねが必要そうです。

　ところが！

　数分後、ぶら下がっているカードを見ながら、はさみやクレヨンを置いてある引き出しのあたりをウロウロしているツヨ。そこで、カードの前で、

「どれがほしいの？」

と聞いてみると、何と！　クレヨンのカードを触りました〜！　やっていることの意味がわかっているのでした。すぐに実物のクレヨンを渡し、成功体験を学習させます。

　ちなみに、幼稚園から帰ってきたコトがカードを見て、粘土をやりたいと騒ぎ出し、

「これを渡すんでしょ。ハイ。粘土、やりたい」

と粘土のカードを私に渡してきました。ツヨにはこんなに高いハードルを、ヒョイと越すコト。あぁ、何だか複雑。

指差しっぽいこと……したか？

発達の段階でとても大切な指差し。赤ちゃんは普通、絵本などをママと見ながら自然と身につけていきます。簡単なようですが、自閉症の子にとってはとても難しいのです。

ツヨの絵本の楽しみ方は独特でした。まず、私の手を引きにやってきて、床に座りながら、

（むかいあってすわれ）

と正面に座るように指図します。そして二人の間に絵本を広げます。私は、

「いちご。ひこうき」

など描かれているものの名前を一つひとつ言いながら、すばやく指差しをさせられます。すごいスピードでページをめくるツヨ。強迫的なこだわりに圧倒されますが、私の指差しが遅れると、ツヨは

「ひーっ！」

と不安定な声を出して怒るのでした。全部めくったら、最後に私が、

「おしまい！」

と本を閉じます。ツヨの満足げな顔。毎回寸分たがわぬ動作を求めてきます。ツヨのペースで指図を

してくるので、読んであげているというより、まるで命令されているようです。

ところがある日、いつものように座ると、ツヨが持ってきたのは今までと違う絵本でした。これは私が指差しをしないパターンをつくるチャンス到来なのでは？　私はすばやくツヨの手を取って、指差しの形をつくってやり、

「いちご。ゾウ。クマ」

と言いながら絵の上に本人の手を持っていき、そっと離しました。すると、自分で一つずつたどたどしく指差しっぽいことを始めたのです。ちゃんと絵の上を指しているではありませんか。そこで、ツヨの指差しに合わせて、私が名前を言ってみました。


〈逃げずに座って向き合ってくれるなんて、初めてだわ〉

今まではツヨの手を取って指差しの形をつくってやっても、すぐパーになるのが普通でした。でも、今日は物を意識して人差し指をキープできています。そうはいっても、自信がなさそうにそこに指を置いているだけで、自分の意思を伝えるための本当の指差しとはいえません。

〈えぇっと、次は何を？　何をすればいいんだっけ？〉


焦る気持ちを落ち着かせます。次は、いくつか絵がある中で私のほうから、

「ゾウは？」

と尋ねて、ツヨが自分でゾウを選んで指差せばいいのだ。——やってみたけれど指差しはできずじまい。そうです、そんな簡単にはいくわけない。手を補助して一緒にゾウを指差せたらほめる。それを何度も何度も何度も繰り返して、いつか自分一人でゾウを指差せたら、

「指差しができました」

と言えそうです。あとちょっと！　頑張ろう。この子はきっと、もっと何かできるようになるはず！

トイレの自立、できた！

年少の夏から始めた「トイレトレーニング」はゆっくりと進んでいました。おもらしを繰り返しつつ半年ほど過ぎた冬のことです。夕食のとき、先に食べ終わって遊んでいたツヨが私のところに来て、ぐいぐい手を引っ張るのです。何かほしいのかな。もしかして、おしっこ？

「おトイレ？　チーチー？」

と聞くと、踵《きびす》を返して、

「チーチー」

と言いながらトイレに一人で走って行きました！　音にならない無声音でしたが（「シー、静かに」と言うときのような、空気だけの声）、これほどはっきりトイレを教えてくれたのも、大人を連れずに一人でトイレに行けたのも初めてのことでした。やった！　そして、自分一人で用を足して、流す。それから、そでをまくって手を洗う。流れもバッチリ。

おむつを外そうと決心した半年前は、おもらしの多さに唖然《あぜん》としました。昼間、トイレに間に合わずにもらしてしまうと、自分で洋服を着替え、床をぞうきんで拭いてくれるのですが、そこまでできるのなら、トイレに行っておくれと心の中でツッコみました。

でも、努力が実ったのです！　山を一つ越えたような晴れ晴れした気分に、私は浸りました。

着替えの自立

トイレの自立と並行して、「着替えの自立」にも三歳の頃から取り組みました。入浴の際、自分の着ていたものは洗濯物カゴに入れる習慣に。そして入浴後、ツヨが自分一人でパジャマに着替えられるようにしたい。そう思って、浅いカゴに着替えを一式セットして、布団のそばに置いておくことにしたのです。もちろんコトの分もセッティング。はじめは横で着衣を促し、だんだん離れたところから声かけだけするようにしました。すると、三、四日目には、何も言わないでいても自分で着るようになりました。しめしめ、大成功。これで裸のままウロウロしたり、遊び始めたりがなくなり、それだけでかなり楽です。できる範囲での身辺自立は、将来に向けてとても大切です。

初めてのジェスチャー

身辺自立が進むと同時に、「言葉以外のコミュニケーション面」でも少し変化がみられました。

療育に通う以前、ツヨは自分から「ジェスチャー」をすることは、ほとんどありませんでした。例えば、食事のたびに頭を後ろからそっと押して、いただきますやごちそうさまのおじぎをして手をパチンと合わせること。何かじょうずにできたらお互い手を合わせてハイタッチすること。バイバイをすること。毎日教えても、まったく反応がなかったツヨ。

ところが、年少の冬のある日のこと。食事が終わり、椅子から降りたツヨにいつものとおり、

「ごちそうさまして」

と、後ろから頭を下げることを促そうとしたそのとき、ぺっこりとおじぎをしたのです！　腰から直角くらいの深い礼でした。まさに、おじぎ。

「ひゃー、ツヨがおじぎをした〜！」

私が大興奮です。かわいくてギューギュー抱きしめたら、うれしそうにしていました。

突然天から降ってきた神様からの贈り物。重度の自閉症の子だって、根気強く関われば成長するんだと、私に自信のようなものがほんの少し生まれました。

そして、そのたった一か月後。「いただきます」の歌をコトが歌うと、ツヨが一緒に手を叩いてきらきら星のお遊戯のように小さな手を振るようになったのです。

「きゅうしょく　きゅうしょく　うれしいな　おててもきれいになりました」

〈ああ、ツヨちゃん。あなたの声は聞こえないけれど、心の声で歌っているんだよね。ちょっぴり悲しいけれど、何てかわいいのだろう〉

ツヨが真似をしてくれたことがうれしくて、コトの笑顔も輝いていました。

手遊び・バイバイ、できることが増えていく！

かわいいおじぎをしてくれたツヨですが、訓練会や療育センターの体操のプログラムでは棒立ちで、先生の真似をすることはできずにいます。それでも私はツヨの手を持って、先生の見本を真似するようにと体操の補助をし続けました。年少の十二月、ついにその日は訪れたのでした。療育センターのプログラムには「あたま・かた・ひざ・ぽん」という、「手遊び」があります。頭、肩、膝を自分で触り、手をポンとたたく手遊びです。その日までは、ツヨの力のないダランとした小さな手を私が握って、何回も手遊びを繰り返しました。ツヨの心のドアを〝コンコン？〟と、何度もノックし続けてきたのです。

「ツヨちゃん、お歌に合わせてこうやって、おててを動かして遊ぶんだよ」

するとある日、ツヨの手を支える感覚が、ふと軽くなったような気がしました。私はハッとしてゆっくりとその場から離れました。すると驚いたこと

療育センターの卒園アルバムより

に、まるで操り人形のような動きで、ツヨが自分で手を動かし始めたのです！
鳥肌が立ちました。
声をかけると、せっかくのやる気をくじいてしまいそうで、かわいさをかみしめながら、先生とそっと離れて見守りました。

（あたま・かた・ひざ・ぽん）

自信なさげに、小さい手がかわいらしく動きます。今まで、自分の手が自分の意志で動くことにすら、小さなツヨには気づけなかったのでしょう。それは仲間との遊びに「参加」をした瞬間でもありました。ふと横に目をやると、先生も感動していました。

〈そうか、ツヨは人を感動させることができるんだね〉

先生の高揚した表情を見ながら、不思議な気持ちになりました。いつも誰かに迷惑をかけ、謝ることばかりだった私たち親子にとって、思いがけないうれしい出来事でした。

それからたった三日後のエピソード。年末に私の実家に行った帰り際、おばあちゃんがツヨに、
「さよならツヨちゃん。バイバイ」
と手を振ってくれました。すると、チャイルドシートに座ったツヨが、頭をペコリ！　この間できるようになったおじぎが、じょうずにできました！　そしてさらに、

（バイバイ）

と手を振ったのでした！　さようならの場面で、自分から初めて。

「まぁ！　すごいすごい！」

おじいちゃんもパパも皆大喜びです。「バイバイ」は、発達の大切な一段階！　きっとツヨ自身も、自分がジェスチャーをしたことで、相手が喜ぶなどの反応をすることに気づいたことでしょう。言葉以外でも、ツヨは人の心にしっかりと働きかけることができる子かもしれない。そんなうれしい予感がします。

さらに、このときの光景を見て私は思いました。ツヨは家族に愛されているのです。パパの実家のおじいちゃんたちや親戚も、双子をとてもかわいがってくれています。世間ではよく障害があるからかわいそうと言われることもあるけれど、ツヨはかわいそうなんかじゃありません。愛で満ち足りているのです。

真冬の夜の街明かりを車窓から眺めながら、私はひそかな幸せを味わっていたのでした。

第3章

幼稚園へ！
人生を楽しむ

療育センターと幼稚園の並行通園を決める

私の心にはある思いが湧き上がっていました。それは年中からツヨの療育センターへの通園を週三日（月・水・金）にして、残りの二日（火・木）はコトと同じ幼稚園に通わせたい、というものです。療育センターからは、週五日しっかり療育に通うことを勧められていました。でも、自閉症ではあるけれど、ツヨも一人の幼児。お友達と直接一緒に遊べなくとも、みんなを眺めて、感じて、ツヨなりに楽しむことができる予感がしたのです。

そうした想いを幼稚園にお伝えしてみたところ、園長先生が面談を行ってくださり、次年度から希望どおり週二日、幼稚園に通えることになりました！　双子が同じ幼稚園に通えるなんて夢のようです。

さあ、幼稚園に行こう！

そして迎えた二〇〇七年四月。いよいよ、ツヨがコトと同じ幼稚園に入園します。少しでもスムーズに幼稚園に慣れるために、次の物を作りました。

①ツヨの障害の特性や対応のコツなどをまとめた「サポートブック」　四部
②親御さん宛ての「ツヨの紹介&お願い」　全家庭数
③「次にやること」を伝えるため、幼稚園の靴やカバンなどを撮った「写真カード」

入園式の一週間ほど前、これらを持ってツヨとともに幼稚園に打ち合わせに行きました。先生方は、その場ですぐサポートブックに目を通すと、室内をトコトコと歩き回るツヨの様子を「なるほど」という様子でそっと観察してくれています。

するとツヨ、突然おもらし。あ～、昼に水分を摂りすぎたか、それとも緊張したのでしょうか。でも、ありのままを見てもらえて、むしろよかったのかもしれません。

ツヨを見ていただくうえで私が心配したのは、教室の窓や幼稚園の門扉のロックの状態でした。ツヨが勝手に出て行ってしまう可能性があるからです。そのことをお伝えすると、その日のうちに先生方が危険箇所をチェックして対策を考えてくださいました。

さて、半年前にツヨの入園の許可をもらったとき、専任でついてくださる加配[1]の先生をお願いしていました。そして、この日の打ち合わせでツヨの加配にOKをいただき、その先生とツヨとを対面させてくれたのでした。ばんざーい。朝の登園から帰りの門を出るまで、その先生が専任で介助をしてくれるとのこと。やさしそうな方です。楽しそうに歩き回るツヨを見て、目を細めていました。

※1　集団生活への参加が難しい障害児などをサポートするために、通常の職員数に加えて担当者を配置すること。

○○○○○○○サポートブック
（幼稚園用）

お子さんの写真

20 ○○ .4
○○にはことばがありません。目も合いません。
何を考えているのか、わかりづらいかもしれません。

でも周りのことに興味はあるのです。普通の子と同じように先生が大好き、楽しいことも大好きです。それでも**先生方が「?」なことや困ったことが起きた時**、**手引き**として見ていただけたらと思い、このサポートブックを作りました。どうぞよろしくお願いいたします。

Ⅰ　○○はどんな子?

1 本人の発達について

発達指数○○、知的には○歳前後の中度の知的障害と、やや重い自閉症障害を併せ持ちます。

運動面は○歳ちょうどくらい。身辺自立（着替え・トイレ等）は○歳くらいです。

言葉・社会性・認知適応は○歳くらいです。

発達に凸凹があるのが、自閉症の特徴です。優れた特徴として、「記憶力の良さ」があります。

一度したこと、見たこと、行ったところ、道順などは忘れません。

2 自閉症とは？

一言でいうとマイペースです。他人が泣こうが笑おうが、怪我をしようが、共感できません。

そして「言葉を理解すること、話すこと」が苦手です。

自閉症は「人嫌い」「ひきこもり」「情緒障害」とは違います。

人とコミュニケーションをとったり、言葉を理解したり、自分で言葉をあやつるということが能力的にできません。脳の機能障害です。


でも、お友達のしていることを見て、楽しそうだなぁと思って、自分もやりたいと思えば、回数を重ねるごとに本人なりに少しずつ参加してきます。時間がかかります。

それをサポートしていただけたら…と願います。

むしろ、「みんなと同じようにさせなければ、仲間はずれは寂しそう…」ということはないのです。

3 息子の性格について

比較的大人しく、内向的、受動的です。でも人（特に大人）は大好きで、自分から抱っこや体を使う遊びをねだります。

同年代の子供と交わって遊ぶことは苦手です。でもお友達のすることは遠くで見ていて、興味はあります。年齢が上がるにつれ、お友達ができたりするそうです。

4 身辺自立について

①トイレ・手洗い　一人で主体的にはトイレに行けませんが、時間をあけて「トイレに行こう」と誘ってください。少し補助をしていただければ一応自分で用を足します。
水分を取りすぎたり、3時間以上たつと、もらしてしまうこともあります。

ウンチは出る前に教えてくれたり、もらしてしまったり、一人で行くこともあります。

出そうになると、先生の近くに来て自分のおしりを触るしぐさをすることもありますが、だんだんと教えてくれるようにはなってきています。

手洗いは、まんべんなく洗えないので介助をお願いいたします。

②衣服・靴の着脱　促すか、補助をしていただければ少しできます。

③食事　噛み切る、ということができません。口に入れるのが多すぎるとグエッとなります。お手数ですが、しばらく給食は介助をお願いいたします。

お弁当は一口大のものを入れます。また、水分を取るよう、促してください。

「お茶を飲みます」とコップを口のそばまで持っていくと少し飲みます。
・口にものが入っていると、すっかり飲み込んでからでないと、次のものやお茶は飲みません。

5 どこまでことばがわかっているの？

こちらの言っていることばは、近くで、簡単な言葉で、一対一で言えば通じます。

徹底しているわけではありませんが、家庭では大人になってからも使えるように「です・ます体」や、「ワンワン」のような幼児言葉ではなく「犬」と正しい言葉で教えています。

①わかることば　〇〇くん、おいで、座って、立って、寝て、おかたづけ、
ごみポイ、ごはんです、おしまい
靴・靴下・パンツ・ズボンはいて、着ます・脱いで
日常の名詞いろいろ、体の部位（「足をおろして」）など。

②わからないことば　形容詞や抽象的なことば（大きい、軽い、ちょっと、すぐ、我慢、ちゃんと、きちんと、待って、痛い、悲しいなど）
あいまいなことば「ちょっとそこに座って」より→「この椅子に座ります」
複雑な文「お部屋で水遊びをすると、びしょびしょになって、みんなが迷惑するからダメよ」より→「お水はおしまい」

6 要求の方法

自閉症の子は、ほしいものや、行きたいところ、してほしいことは、「クレーン」と呼ばれる「人の手を取って要求するものに持っていく」という行為で表現します。

人の手をクレーン車のアームのように使う方法です。

その他の要求の方法　泣く、キーキーさわぐ。目で訴える等。不適切な行動として、噛みつく等。

また、一度やったことは忘れず、同じような場面で要求してきたりします。

介助をする側の人は、記憶力と想像力を要求されることがあります。

7 好きなこと

外遊び（水遊び、滑り台、トンネル、ブランコ、道具を使った遊び、自転車）
室内遊び（粘土、お絵かき、はさみ、紙をビリビリやぶくこと、ビデオ、簡単な紙芝居など）
好きなものを増やせると、時間稼ぎや、一呼吸置かせるときに役に立つと思います。

8 苦手なこと・できないこと

順番に並ぶ・歩く・待つ、強制されること、我慢すること。
嫌いなこと：人が鼻をかむ音・大きなくしゃみ（いずれもキャーと叫びます）
衣服が濡れること→脱いでしまいます。
手洗いの時、袖をまくるよう介助をお願いします。

II 関わっていただくうえでのコツ

1 否定的な言い回しより、肯定文で

自閉症の人は「禁止されることに対するストレス」を普通の人より強く感じてしまうようで、否定的な言われ方をすると、こちらの想像以上のダメージを受けます。
息子も怒ってのけぞったりします。コツは禁止するのではなく、何の動作をするのかを指示することです。

例）・「それに触ったらだめよ」→「絵の具はやめます」
・「危ないから机に乗ったらダメよ」→「〇〇くん、下ります」
・ドアを開けたり閉めたりするときに「痛くするよ。ダメよ」
→「ドアはおしまいです」
・「そっちじゃないよ」→「ホールに行きます」

また、健常の子なら当たり前な「言って聞かせる」ということができません。
家庭では繰り返し我慢強くやり取りをしています。

2 自閉症の子は耳より「目」から入る情報が優位です（視覚支援カードの利用）

例）・「これからお絵かきをします」よりも→視界に入るように画用紙を見せる
・外遊びの前に園庭の写真を見せる
・園での一日のスケジュールを表にして見せる

3 指示は、始める・終わる直前で

その気になると待てません。終わりは「おしまい。教室に帰ります」などでわかります。

4 いつも同じ言葉かけ、手順、順番、道順などを好む

そうしないとキャーキャー怒ることがあります。

大きな支障がない限り、本人の安定する方法をとっていただいたほうが、支援しやすいかと思います。

このあたりが、自閉症の子の「こだわり」が関係してくる点です。

そのかわり、一度決めたルールは便利な習慣になったりします。

例）外遊びから帰ったら、必ず手を洗う。トイレに行ってからごはんにする
　　外遊びの靴ではなく「黒靴」を履いたら帰りのバスに乗る

5 こだわりの対処法（キーキー騒いだり、泣いたりしたときの対処）

必ず理由があります。理由はナンセンスなことの場合もあります。本人にとっては大事なことのようです。

対処法①　大きな支障のない限り、ささいなことは希望をかなえてあげてください。

例）・トイレのあと、必ずちょこっと石鹸を触ってから水で洗わないと、騒ぐ
　　　→触らせてあげてください
　　・遊具で遊ぶ時に独自の順番がある
　　・水道で遊びたい→少し遊ばせて、「〇〇くん、おしまいです」

対処法②　本人がこだわる前に、先手を打つ。

例）・触ってほしくないものを、触りたいとさわぐ
　　　→あらかじめそのものを視界に置かない。布で隠す

対処法③　ほかのお子さんや全体を考えて、また規則上禁止しないといけないときは、やさしく、でもきっぱりと「〇〇はバツです（手をバッテンにして見せる）」と諭してください。あまり頻繁には使えない手ですが、こちらが怒らずきっぱりとした態度をとると効きます。ただし大泣きしてしまってからでは効果がありません。

例）人の物を壊す。園舎の２階など、行ってはいけないところに行こうとする

パニック（泣き叫んでいる状態）のときは、急に抱き上げようとしたりせず、静かにそばに

いてください。

突然、後ろにのけぞって頭を打つ可能性があるので、頭の保護をお願いいたします。

少し勢いが収まったとき、ゆっくりと抱くか、ほかの好きなもので気を引く、くすぐる、などで落ち着かせます。

6 ほかのこだわり

①帰るときのこだわり　終わったらすぐ帰る。帰る気になると我慢できないで騒いでしまう、というこだわりがあります。
「帰る」「おしまい」ということばはバスに乗る直前まで使わないほうがよいかと思います。帰る手順（儀式）を一定にして最初から徹底したほうが楽だと思います。

例）バスに乗る順番を園庭に並んで待つのは無理なので、ぎりぎりまで教室で遊ぶ
→カバンを持つ→黒靴を履く→バスに乗る（最初はそれぞれ写真で指示）

②靴を脱ぐとき、靴下も一緒に脱いでしまう（靴下を屋内で履く習慣がありませんでした）
幼稚園では靴下を履く、というルールを最初から徹底したほうがいいと思います。

黒靴、上履き、園庭用の靴の使い分けはかなり難しいと思いますが、回数を重ねることで覚えると思いますので介助をお願いいたします。

7 危険についてのお願い

自閉症の子は危険がわかりにくいという特徴もあり、本人は知的な面の遅れもあって、危険については全くわかっていません。肩車なのに後ろにのけぞろうとしたり、車が来ても平気で車道に出ようとしたり、落ちる、はさまる、ぶつかるなどを怖いと思うことができません。迷子になっても平気でいます。

たまに食べ物でないものを口に入れることもあります。何かモグモグしていたら「ペー!」と言ってください。

幼稚園で考えられる事故は、ドアに手をはさむ・階段から落ちる・動いているブランコに近づく・滑り台から本人の用心不足で落ちる・門が開いていたら出て行ってしまい迷子になるなどです。

これらについては先生方に「見守り」をお願いするしかない、対処法がない段階です。

大変お手数をおかけしますが、何卒よろしくお願いいたします。

※自閉症の特徴についてはあくまで息子のものです。お子さんのタイプに合わせてアレンジしてみてください。

涙の入園式

一週間後。桜が美しく咲き誇るなか、幼稚園の入園日を迎えました。制服を着て、はき慣れないハイソックスも嫌がらず、黒い靴を履き、桜並木の道を神妙な面持ちで歩くツヨ。そして私と手をつなぎ、静かに幼稚園の門をくぐりました。少し緊張しているパパとコトも一緒です。

手続きを済ませ、ツヨと教室へ。ツヨは教室の中をキョロキョロ……。担任の先生に、

「では、お母さんは式場でお待ちください」

と言われ、ツヨの顔に視線をやると、じっと私を見ています。

「顔を見て泣くといけないので、この子から見えないところにいます。お困りになったときは手を上げてサインを送ってください」

と先生に伝え、ツヨにバイバイをして教室を出ました。

コトを教室まで送り、パパと一緒に入園式の会場で待っていると、音楽とともに年少の子どもたちと、ツヨのように年中から入園する子どもたちの入場が始まりました。

会場の入り口の前で新入園児が一人泣き出し、他の子も連鎖反応したのでしょう。幼い年少の子どもたちの泣き声の大合唱が近づいてきます。来ました！　ツヨが先生と手をつないで自分で歩いて入ってきます！　落ち着いた様子で年中の自分のクラスのところまで行進できました。私の隣で、肩

を震わせて目頭を押さえるパパ――。

式をぶち壊しにしないかという私たちの心配をよそに、ツヨはしっかりと入園式に参加しています。介助の先生にぴったりとくっついて。会って一週間の先生なのに、心から頼っていました。

入園式の後半は、手遊びや歌の楽しいプログラム。緊張がほぐれ、元気いっぱい歌を歌う子どもたち。でも難しすぎてツヨには何もできません。きっと明日からもそんな場面がたくさんあることでしょう。でも、ツヨの瞳は喜びで輝いています。期待とやる気を小さい胸に秘めたその姿は、自分が幼稚園の一員になったことを知っているとしか思えないほど誇らしげに見えたのでした。

不思議な子です。入園おめでとう、ツヨ。コトも年中さんに進級だね、おめでとう。

子どもたちの世界

幼稚園での第一日目は、双子を幼稚園バスに乗せたら私は車で先回りし、一日幼稚園で付き添いました。加配の先生と、細かいことを確認し合いながら、一日が無事に終了。サポートブックを渡してあるので、ほとんど説明は不要でした。

その日は園庭で、遊具の説明をするという日。いや、健常児ってすごいですね。みんなそろって、おりこうです。四歳でも、「ここに座って」と言われたら、何十人もまとまって一緒に座ることができるのですから！　これが〝生まれつきの社会性〟というものか。一方のツヨは、説明なんてわかりません。ですから、遊具を前にして、当然遊び始めます。もう、遊びまくりました！　初日から、超マイペースなツヨでした。

そんなツヨを眺めながら、先生の説明を真面目にちゃんと聞く子どもたち。でも誰も、ツヨのことで文句を言いません。す、すごい。何かこう、説明しなくても、勘みたいなものでわかるのでしょうか。これがまた小学校低学年だったりすると、指摘する子なんかもいるのかな……。

ブランコで、悪い乗り方の見本を見せる先生。

その横で、関係なくケラケラ楽しそうにブランコをこぐツヨ。

それを楽しそうに見ている子どもたち。もちろん、超笑顔のコトも混ざっています。

何だか、すごくシンプルな気持ちになれました。こうやって、障害というものに小さい頃から自然と関わるのは、大切なことではないでしょうか。もちろんこの先、さまざまなことが起こるでしょう。ツヨとケンカする子だって、いるかもしれません。でも、これからの二年間、この子どもたちの心にも何かが届くことを信じたい私です。

幼稚園の生活

幼稚園バスに乗っての登園が三回終わりました。毎回、クラス担任の先生が夕方に電話をくださり、その日の様子を知らせてくれました。加配の先生ではなく、クラス担任の先生が幼稚園とのやりとりの窓口で、連絡帳に詳しくその日の出来事を記してくれます。

ある日の朝は、ツヨが粘土遊びをしていると、周りに女の子たちが集まってきて、みんなで遊んだとのことでした。週二日しか来ないツヨに、女の子たちは興味があるのかも。ツヨはいたってマイペース。ルンルンと粘土をこね、彼女たちの楽しげな声に反応してか、ケラケラ笑っていたそうで、教室内に和やかな空気をふりまいていたそうです。

ツヨのお世話をしてくれる子、手を引っ張ってくれる子、おひざにのせてくれる子、ほっぺにチューなんて場面も……。何て幸せなことでしょう。たくさんの人と一緒に過ごすって楽しいね。

療育センターへの単独通園

一方、療育センターへは月・水・金の週三日通っています。一年一か月の親子通園を終え、五月から「単独通園」が始まりました。単独通園とは、一人で療育センターのバスに乗り、センターで四時間過ごして、またバスで帰ってくることです。

生まれてから四年半、二十四時間三百六十五日ずっと、ツヨの隣にいて命を守り続ける日々が突然終わりを告げ、昼間はツヨと離れている時間ができた私。静まり返った家の中で一人になり、ふと、ベランダに出て深呼吸してみます。空に浮かぶ雲は、子どもが生まれる前と同じはずなのに、何か別の物のように見え、不思議な感覚でした。

はだかの天使

　ある初夏の日。療育センターの帰りに、コトのお迎えにツヨと幼稚園に寄りました。教室の前に、いつも登園日にツヨが水遊びをする大きなたらいが置いてあります。ツヨはそれを目にしたとたん服を脱ぎだし、ホースを持って水を入れようとしました。先生方が大丈夫と言ってくださったので、思いきって水遊びさせちゃいました。ツヨは真っ裸になって、何とも気持ちよさそうに水浴び。すると、まだ少し残っていた園児たちがそばに来て、

「なんでこの子、はだかなの？」

「先生いいって言った？」

といろいろ話しかけてきます。

「やりたいから、やっているのよ」

と、私はにっこりと笑いながら答えました。先生に怒られるとか、水遊びをやる時間じゃないとか、はだかで恥ずかしいとか、人からどう思われるかとか、ツヨには全然関係ありません。でも、よく考えてみたら、それってすごいことです。

「やりたいからやる」

　すごくシンプルな、生まれたままのツヨの心。この瞬間、私は、ツヨをうらやましいと思いまし

た。ある意味、わずらわしい社会から完全に解き放たれている。本当にやりたいことをできる。こんなふうにすべてをそぎ落とすことが、私たちにはどんなに難しいか。少し傾きかけた初夏の太陽を浴びて、ツヨの笑顔はきらきら輝いて見えました。

ふと、自分が小学生のときに読んだ『はだかの天使』という絵本のことを思い出しました。すぐはだかになってしまう、知的障害のある男の子のお話です。

〈天使がうちにも来た。私のところにも来たのだ！〉

そう思いました。

私は人生をかけて、この無邪気なツヨを大切に守っていくのだ。いろいろな人の手を借りながら。そしてその人たちにも、一生懸命生きているツヨの心が届きますように！

自己主張、周囲との折り合いのつけ方

あっという間に幼稚園の一学期が終わろうとしています。緊張したり泣いたり、先生にずっと抱っこでしがみついていたり。最初の頃はツヨもドキドキだったことでしょう。でも、だんだんと、

「声を上げて楽しそうに笑いました」

という報告が増えました。

一学期最後の日は、教室で椅子取りゲームをしたそうです。ツヨはぐるりと並べられた椅子の真ん

中に入って、ニコニコ。周りを回るお友達を見たり、時にピアノのスイッチを切って曲を中断させたりしたそうですが、それでも子どもたちは自然に過ごしていたと聞きました。

「クラスの子たちはよく怒らないでくれますよね。ツヨにやめてと言っても反応もないし、赤ちゃんみたいに思って許してくれているんでしょうか?」

と先生に聞くと、

「クラスの一員として自然に接していますよ。年中の子たち、見る目があるんです」

と笑っていました。ただ、できないことはきっぱり禁止したそうです。そして、一日の流れから仕方なく我慢をさせたときは、あとで思いっきりできる時間をとってくれたとのことでした。物の位置を変えたりする細かいいたずらは、あとで直せばいいと大目にみました、と教えてくれました。

ツヨは、自分のやりたいことを主張して、許されることはめいっぱい叶えてもらい、周りと折り合いをつけることを少しずつ経験しているのでしょう。

一人で制服着られるよ!

きょうだい児もしっかりみてあげる

夏休みが始まりました。せっかく親子が一緒に過ごせる大切な一か月半。少しでも親子で成長につながる時間にするために、いろいろと試してみようと思います。

その中で、まず大きな変化と成長を感じたのが、絵本読みです。ツヨがまだ一～二歳くらいの頃は、絵本を読んであげようと思ってもピューッといなくなってしまって困ったものでしたが、三歳になり、幼児訓練会・療育センターなど、先生が紙芝居のようにして前で読んでくれるときは神妙に座って見るようになりました。

そして四歳。絵を眺めて、ページをパッとめくっては手をパタパタして、一人で楽しんでいます。

一方のコトは絵本が大好きで、毎日寝る前に私が読み聞かせます。

コトのお気に入りのシリーズの絵本は、どれも最後に動物たちがランチやおやつを食べる場面があります。それが一番楽しい場面なので、私がコトに、

「いただきま～す」

と言ったところ……何と、ツヨが絵本の食べ物を指で取る真似をして、

「あー（ん）」

と言って私の口に入れるしぐさをしたのです！　それも、ニコニコ笑顔で。

〈おおっ！　ツヨがそんな真似を！　一緒に遊べているじゃないか！〉

うれしい驚きでした。見ていないようで、見ている。わかっていないようで、わかっている！

「コトにもアーンして」

とツヨに促してみたら、コトの口に食べ物を入れてあげるしぐさ。そんなことをされたのは初めてで、コトは、

「ツヨちゃんかわいい〜」

と最高に楽しそうでした。コトは家族が大好き。同い年の子に比べると、ちょっとノンビリさんで、ワン（ツーかな。スリーかも）テンポ遅れることもあるけれど、それでいいじゃないと私は思うのです。

集団生活の中、コトは自分のペースで楽しんでほしい。人と比べないことが大切です。

column

スケジュールボードの活用

ツヨの不安な気持ちを和らげるために、スケジュールボードを作りました。

①たて三十センチの小さなホワイトボードに1、2、3と数字を書く

②手作りの「行き先カード」を面ファスナーで貼り、**予定を確認**

いつか、絵や写真ではなく、字でスケジュールを立てることができたら万々歳です。そのために、**カードにあらかじめ字を添えて作る**ことは大切なポイントです。ツヨは字も見ていたようで、小学校以降は、このカードからも単語を覚えました。

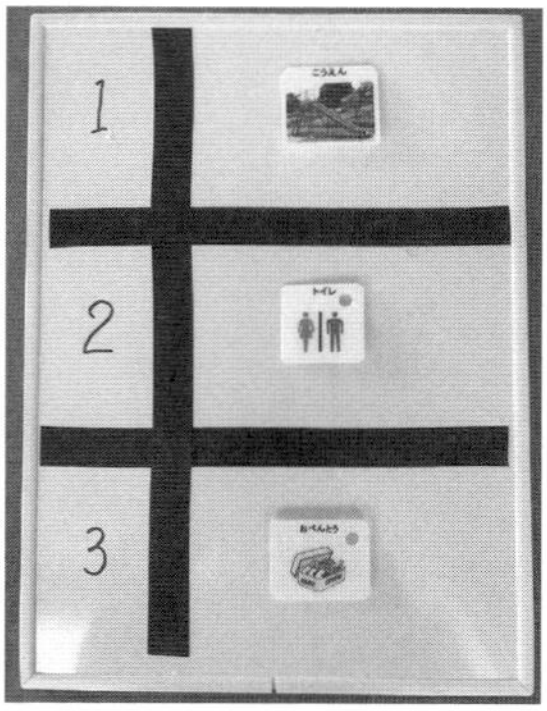

夏休みの体験

毎年夏になると千葉県にあるパパの実家へ泊まりに行きます。畑を見に行ったり、庭で花火をしたり、夜にはパパのお姉さん家族も集まるので、やさしい大人に囲まれて子どもたちの目は輝くのでした。日常のこだわりからも少し離れることができて、ツヨもいい調子。ただ、ソワソワしすぎて玄関から出ていってしまうので、一瞬も目が離せないのが難点ですが……。

一番のお楽しみは海水浴！　駐車場に着くと、ツヨのソワソワと焦る気持ちは最高潮に達し、海まで一目散に走っていってしまうので、パパが猛烈に追いかけて、そのまま二時間くらい海の中。パパに肩車してもらって、波をかぶって大喜びです。パパは頭から波をかぶり、毎年全力で遊んでくれます。あとで聞いたら、パパにとって一番楽しい思い出だそうです。

お義父さんお義母さんも一緒に来て、コトと波打ち際で遊んでくれたりして、本当に感謝の気持ちでいっぱいです。きっとこうした行事がよい思い出となって、コトとツヨの心を満たしてくれていることでしょう。

自閉症育児の苦労話は尽きません……

少しずつ成長を見せているツヨですが、一方でいたずら・こだわりには心底、手を焼いています。ツヨは思考が奇想天外で、何をしでかすかさっぱり見当がつきません。

例えば、夏休み中のある一週間でしたいたずら、披露！

- トイレットペーパーを繰り返し大量に流す（詰まるー！）
- クッションから白い中綿をほじくり出して、口いっぱいにほおばる（おいしいの？）
- 枕カバーを外し、黄色のウレタンをちぎって頭にいっぱいのせる（発見したとき、何ごとかと）
- 洗面所で、十分おきにハンドソープを大量に使って手を洗う（洗面台がびっしょびしょ）
- ハンドソープの泡がなかなか流れないのを、大量の水で流す（余計泡立つ）
- 紙をちぎる、口に入れる（大事な書類は見えるところに置いたらアウト！）
- 新聞を大量に破く（家の中が一日中紙の破片だらけでした）
- 家の壁紙をはがす（きゃー！）
- ベランダから階下に物を落とそうとする（鍵がないと外せないロックをすぐに付けました）
- パパの部屋に入って腰高窓に上ろうとする（鍵付きロックは装着していますが怖い！）

・室内用ジャングルジムのネジを抜いてしまう（穴をテープでふさいでもはがす）
・セロハンテープを一巻全部引き出す（ギャー、何するのー）

危ないものは開かずの部屋へ。窓も全部鍵付きロック。見えるところにものを置かないという対策も実行しています。それでもツヨは毎日新しいいたずらを思いつくので、防御が追いつかない状態。家事をしている間も五分おきに見ないと、何か紙をモグモグしていたりして気が気じゃありません。

column

家の中の安全対策＆近隣への防音対策

家から勝手に出ていってしまう。窓から転落しそう。きょうだいの部屋に入って宿題を破く。洗剤をいじる。下の階への騒音がある。そんな困りごとはありませんか？　安心して暮らすためのわが家の対策をご紹介します。

鍵について

【玄関】　業者に依頼し、ドア内側のシリンダーのレバーを、抜き差しできる鍵に替えました。また、私がちょっと玄関を出たときにチェーンをかけられてしまった経験から、チェーンは外しています。ドライバーで簡単に外せました。

【各部屋】扉に鍵をつけ、廊下側のシリンダーのレバーを抜き差しできるものに。ツヨが一人で部屋に入れないようになり、いたずら防止・窓からの転落の防止・家族の行動にこだわってしまったときの家族の退避などに役立っています。コトは宿題やおやつをツヨから守ることができて大満足。

ツヨの部屋のドアにのぞき穴をつけました。プライバシー侵害ですが、安全を優先させました。

【窓】

プラスチックのネジが取り外せるタイプのロック錠をつけました。わが家は七階。転落防止のための必需品です。

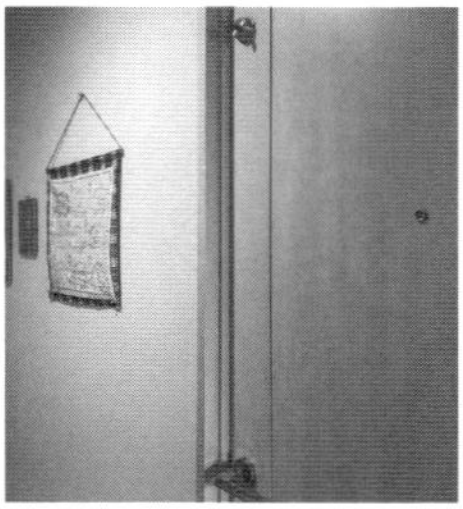

近隣への防音対策

ツヨが跳ねる場所や廊下に、防音のマットを敷いています。安価なもので○Ｋ。傷んだら取り替えます。大声・奇声を出すので、ツヨの在宅中はできるだけ窓を開けないようにしています。多少エアコン代がかかりますが、安心・安全はお金には代えられないと思っています。できる範囲でよいので、無頓着にならないようにしたいものです。

ちなみにツヨが三歳くらいのとき、住民集会で自閉症の子であることをお知らせしました。近隣の皆さんはとてもやさしくしてくださいますが、甘えすぎないように暮らしていかなければと思っています。

お箸を鼻に……！

それは夕食の支度をしていて、もうあと五分でできるというときに起こりました。

ちょうどコトに、お箸や取り皿を並べてもらっていると、

「ツヨちゃん、鼻血が出てる」

とつぶやくので、カウンターの向こうにいるツヨに目をやりました。すると、Tシャツ・顔・手が真っ赤になっているではありませんか！　走り寄って顔を覗き込むと、鼻から血がタラタラ出ています。ツヨは手にお箸を持っています。ハッとしました。

「キャー！　ツヨが鼻にお箸を刺した！」

私の声で、パパも顔色を変えました。どのぐらい奥まで刺したのかはわかりません。泣くでもな

く、鼻血をするツヨ。ツヨに嫌がられながらも何とか鼻を押さえ、待つこと一〇分。私は鼓動の高まりが収まりませんでしたが、何とか血が止まりました。うがいをしても血が混じらないので、幸いにも傷は浅かったようです。

ツヨは怖いとか、危ないとか、全然わからないのでしょうか。信号でも、手をきつく握っていないと車道だろうがトラックが来ようが、行きたいほうへ身をよじって進もうとします。これは知的レベルからくるものなのか、自閉症の特徴なのか。大人になっても一人歩きはできそうにありません。

奇異な行動と日常生活の工夫

外を歩く道順のこだわりも強烈でした。コトの幼稚園の送り迎えも、行きたい道順にしたくてキーキー怒ります。ツヨの要求に従わざるを得ず、迷子になるまいと私を追うコトと三人で、駐車場の中を通ることになりました。すると今度は、自分の家の車を見て乗りたくなったのか、

「キー！」

とのけぞり、逆さ吊りのまま一〇〇メートルくらい抱っこしてやっと家に到着。重い……。

さらには、独特の奇異な行動にも困らされました。夜寝る前に、一人でゲ～ラゲラ笑い出すのです。何をしているわけでもないのに、おもちゃの笑い袋みたいにただゲラゲラ笑い！　ご近所に聞こえやしないかヒヤヒヤの私。

キーキー声やゲラゲラ笑いが、私の疲れた神経に障って、正直どうしてもイライラして苦しいときがあります。でも、たとえ苦しくても、大人は子どもの前で取り乱したり、心ないことを口走ったりしないようにしたいものです。一度言ったこと、したことはもう取り消せないのです。大人はいろいろ我慢です。ガマーン！

夏休みの対策として、ツヨをこちらの用事に付き合わせないように、買い物はネットスーパーを利用。日中は公園などで十分に遊ばせ、エネルギーを発散させるように仕向けました。また、集合住宅なので、下の階に騒音で迷惑をかけないためにも、夜はなるべく早く寝かせるよう心がけています。

危険がわからない子

動きが活発で、無茶なことをしがちなツヨ。人のお腹や胸をドスンと踏みつけてきたり、肩に乗って髪をつかんで引っ張ったり。高いところも好きで、タンスの上などにのぼってしまいます。走行中の車のドアを内側から開けようとしたり（チャイルドロックをしてありますが）、毎日ハラハラの連続です。

ツヨには危険がわからないのです。危険から命を守ることが最重要課題であるとは、いったいどれだけ大変な障害なのだろうか、自閉症って。

パパとも、家の中でよく危ない遊びをしています。ツヨにとっては、「パパとの危ない遊びが、パパとの関わり方のこだわり」になっているようです。やめてほしいのですが、パパはツヨと触れ合えるのが楽しいらしく、やめられません。しかし、やっぱりやめてほしい！

お手伝い・しつけ

ツヨは律儀で真面目なところもあります。そこで、楽しくて興味をもてることで、家の中での「お手伝い」をさせました。ベランダの花の水やりやカーテンの開け閉めなどがツヨのお仕事です。

なお、障害があっても、一通りの「しつけ」はしています。人の物を取らない、テーブルの上に乗らない、立ったまま食べない、肘をついて食べない、遊んだあとは後片づけをする等です。

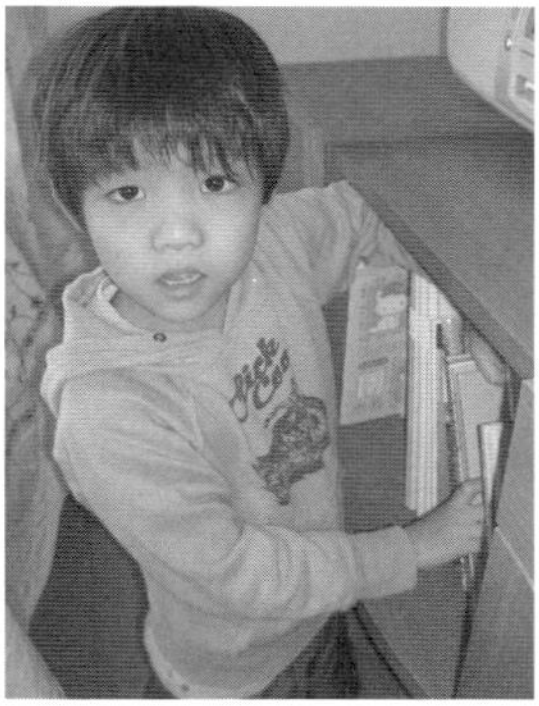

遊んだあとはお片づけ

ハンバーガーで栄養補給

ツヨの「偏食」は相変わらずでした。それが原因かはわかりませんが、風邪をひくことも多いです。偏食が原因の栄養の偏りは、親にとって大きな悩みの種の一つといえるでしょう。

四歳の頃のツヨは、パンと白米のような穀物類ばかり食べていました。基本的にはおかずの肉も魚も食べませんし、おやつすら一つのものにこだわり、嗜好《しこう》の幅が広がりません。

ある日、着替えるツヨの上半身を見て、ハッとしました。あばら骨が浮き出ているのです。よく見ると顔が痩せてあごが尖っています。何か栄養のあるものを食べさせなくてはと、にわかに心配になり、ハンバーガー屋に連れていこうという考えが浮かびました。

以前、ファストフードのハンバーガーを食べさせてみたら、好奇心も手伝ってペロッと食べたので、ときどき貴重なタンパク源になっています。でも、そこはスーパーの中のイートインコーナー。ツヨは「スーパー内を走り回る」というこだわりがあるため、私はスーパーを敬遠していました。

とまぁ、ブツブツ言っても仕方ない。家に閉じこもっていても外出の行動面の成長はないし、楽しい外出もたまには味わわせてあげなければ。そう思ってチャレンジすることにしました。

コトの延長保育のお迎えで幼稚園に向かった夕方。マイカーの中で、ツヨ本人がハンバーガー屋でポテトを食べている写真を見せてみました。すると、ツヨの目がキラッと光りました。

スーパーの駐車場に着くと、いそいそと車から降りるツヨ。そのままツヨはハンバーガー屋へまっしぐら。自分から手洗い器で手を洗い、席につきました。しかし、私が注文している間に、隣の席の見知らぬおばあさんのポテトを箱ごと取って、勝手に食べてしまったのです！　慌てて駆け寄り謝ると、「いいんですよー」とやさしく答えてもらいましたが、ドッと噴き出る汗。気をつけなければ！　怖い顔でしっかり叱っておきました。

気を取り直して、ツヨの好きな味のハンバーガーを渡すと、三分くらいで平らげました。ハンバーガー早食い選手権幼児部門で優勝できるかも（たぶんありません。そんなもの）。

Ｌサイズのポテトもコトと二人で完食。鼻歌まじりでケチャップもしっかりつけながら（ちなみに私は、ハンバーガー屋の回し者ではありません）。

食べ終わったら、サッと車のキーを見せて、

「帰ります」

ときっぱり告げると、走り回ることなく素直に乗車。本人がこだわりのスイッチを入れる前の早いタイミングで、テンポよく写真や実物を見せると、次の行動にすんなり移れるようです。

夜、お風呂でツヨのお腹を見たら、ポコッと膨らんでいました。久しぶりのタンパク質と脂質がすごーく効率よく吸収されていることでしょう！

豆知識

こだわりと危険なこと

幼い時期は、危ないこと以外で許せることには付き合うしかない！　と腹をくくりました。それでもイライラしたものですが、できるだけ穏やかな対応を心がけました。大きな声を出して反応したり、感情に任せて怒ったりすると誤学習につながるからです。

家の中の危険箇所もしっかりチェックしました。

第 4 章

親は子の障害を受容できるのか？

コトのお絵かきにツヨは興味津々

運動会・風を切って走る！

幼稚園年中の十月、秋晴れの土曜日。ツヨにとって初めての幼稚園の運動会が開催されました。園児たちにとっては、日頃の練習の成果を見せる晴れ舞台。親御さんたちも気合が入っています。こちらの期待が高まる中、開会式でツヨはなぜか突然号泣。先生が集まってなだめようとしてくれましたが、先生の抱っこでやむなく退場。

「はぁ。そうかぁ。何が嫌だったのかなぁ」

そうつぶやきながら、少し離れたパパを横目でチラッと見ると、目が赤い。オイオイ、そんなにがっかりしないで。気を取り直して、できることを楽しみましょう！

徒競走が始まりました。これには何としても参加させてやりたい。ぎりぎりまで介助の先生が抱っこして、「ヨーイ、ドン！」の合図と同時に降ろします。そして、手を引かれ走り出したツヨ。ニコニコしているけれど、片手で顔を覆って走っています。そしてゴールまで一直線に走り切る——。

〈この世の中はまぶしいの？　でも、風を切って走るって気持ちいいでしょ？　歓声も大きくて、驚いちゃうね。ツヨちゃんはみんなからずっと遅れての最下位だけど、ゴールまで走ってえらかったね。ママはすごくうれしかったよ。でも、なぜだかちょっと切ないの〉

ゴールするやいなや、介助の先生にぴょーんとしがみついたツヨの姿が、涙でぼやけていました。

そしてお昼には、シートを敷いて家族でお弁当タイム。公園などではシートにじっと座れないツヨなのに、不思議とこの日はおりこうで、密かに感動でした。

一方のコトはというと、あちこち動き回るツヨに、交代でつきっきりのパパとママの様子を見て、午前中は心配そうにしていました。そこで、ツヨを抱きつつも顔はできるだけコトに向けて、笑顔でめいっぱい応援です。するとハッと気づいてくれ、表情が次第に明るくなって、元気に競技をこなしました。

〈がんばったね、コト。ママはコトの勇姿をしっかり見ていたよ！〉

コトもまだ年中さん。実は普段、コトのお世話にも結構手がかかります。生活習慣は何度言っても覚えられないし、ぼんやりしているから、いつも声かけをしないといけない。本人が言うには、運動会の練習で、立つ位置や進行が自分にはちっとも理解できなくて、しっかりした子にお世話をしてもらっているそうなのです。それが個性の範囲内なのかどうか、まだ正直よくわかりません。

この先、ツヨのためにいろいろな我慢をさせることになるかもしれません。でも、

「我慢して当たり前。しょうがないのよ」

とは言いたくありません。コトにはコトの人生があります。「障害のあるきょうだいがいる」という事実は変えられないけれど、私たち親とコトたちきょうだいでは、立場がまったく違うことを忘れないようにしなければ。コトには、何の責任もないのですから。**将来、それぞれの道を歩くときがきても、お互いに「絆」をもてるような関係性を、自然と築いてやりたいものです**。だから今は、できるだけ平等に、しっかり愛着を築いていく時期だと思っています。

はい！　その子うちの子です！

その日は幼稚園の体育の参観日でした。コトやお友達は順番に平均台を渡り、跳び箱を跳び、マットでじょうずに回っています。

ツヨはというと、自分の好きな順序で、みんなの進行方向とたまに逆になりながら、軽やかに動き回ります。お友達とぶつかりそうになっても、うまいことスッと避けて、無理に割り込んだりもしません。

あまりにツヨが楽しそうなので、おかしくなって笑ってしまいました。ほかのお母さんたちも、

「自由だね～」

と微笑んでいます。お友達の達者な活動は、ツヨにはとても刺激的で、興味深く健常のお子さんを眺めるツヨの笑顔が輝いています。みんなの笑顔もやさしくて自然でした。

〈あの、じょうずに体操している子たちではなくて、ピョンピョン跳ねながら脱線しているこのツヨピョンがうちの子です！　みんなも素敵だけど、私はこの子が大好きだ！〉

障害を受け入れることに苦しんでいたはずだったのに、私はツヨの子育ての中で次第に〝前向きに生きること〟を教わったのです。

さらにこうも思いました。健常の子どもたちにとって、ツヨと一緒に過ごすことは、

「こういう人も世の中にはいるんだな。どんなことを考えているのかな」と考える機会になるのではないか。小学校に上がれば、学習面などで特別な支援が必要となり、一緒の教室で学ぶことが難しくなっていきます。こうやって幼いうちにこそ、「健常児と障害児が一緒に教育を受けること」が大切なのではないだろうか。この体育の授業が、日本の未来の社会の縮図であればいいのにと、子どもたちの笑顔に囲まれながら、願わずにいられませんでした。

双子、五歳になりました

二〇〇七年十月二十二日。わが家の双子は、五歳になりました。

私の実家の父母が大きな丸いケーキを買って訪ねてきてくれました。ろうそくを立ててテーブルに出すと、ツヨが、

「アー！　アー！」

と大きな声を出してケーキにグワッシと手を出そうとするので、私たちは大慌て。大急ぎでビデオを回し、ハッピーバースデーの歌を歌い、コトに、

「フーッて消して！」

と急かしました。すばやくフーッとろうそくの火を消すと、みんなの拍手に包まれて幸せそうなコトの笑顔。

さっそくケーキを切り分けようとすると、ツヨはまたグワッシと手を出して、ケーキを引き寄せます。

「やめてー、ケーキがぁ、崩れる〜」

テーブルからケーキを持ち上げ右往左往する私。

「キー！」

耳がビリビリするほどの声で大騒ぎするツヨ。しかし、ツヨがいったんこうなったときは、もはやあきらめないといけないパターンです。では、と試しにツヨの前にケーキを置いてみると、大きい丸のままのケーキにフォークをそっと差し、人が変わったように静かに食べ始めたのでした。

「……あ、切ってお皿に分けたものじゃ嫌なのね」

ツヨが食べている横からほかの人に切り分けていくことは怒らなかったので、どんどん小さくなっていくケーキを喜々として食べていました。あははっ。

ツヨの心の声

ツヨの心の中をもっと知ることができたらな、と感じていたある日のことです。キッチンで洗い物をしていると、風邪でお休みして一人で遊んでいたツヨが、トコトコ私のところにやってきました。見ると背中に療育センターのリュック、前に幼稚園のバッグ。カバンを二個、提げているではありませんか！

（ねぇママ！　みてみて！）

まるで私に見せにきたかのように、いたずらっぽい目をして。

そして二つを並べて床に置き、自分のほうへ向けて、満足げに眺め始めたのです！

（これとこれをじゅんばんにもって、あそことあそこにいくんだ）

そんなツヨの心の声が聞こえてきます。それと同時に、声を発することができない、いじらしい姿にも胸を打たれました。

ツヨの心の中にはいろいろな気持ちがあふれていて、たくさんおしゃべりしているのです。その表情を、しぐさをもっと汲み取って、温かく返してやることが、きっと私の役目なのでしょう。

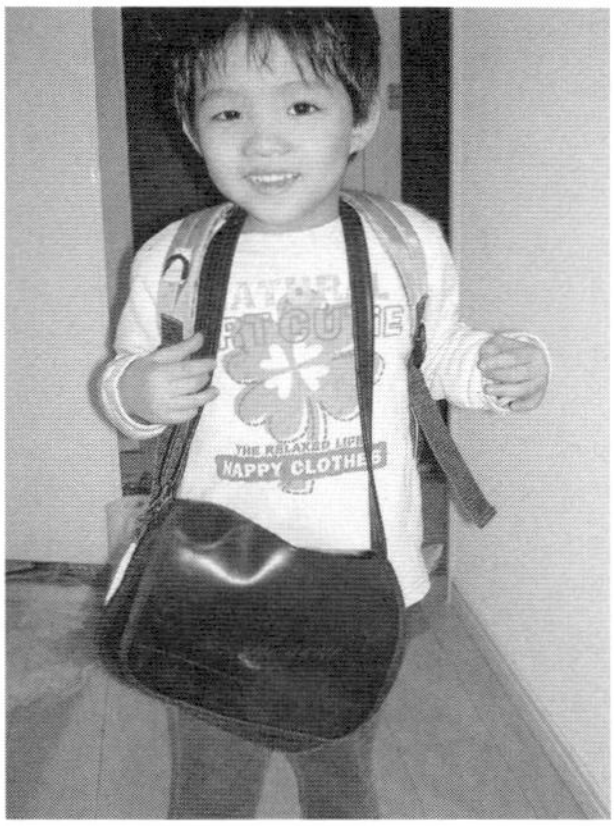

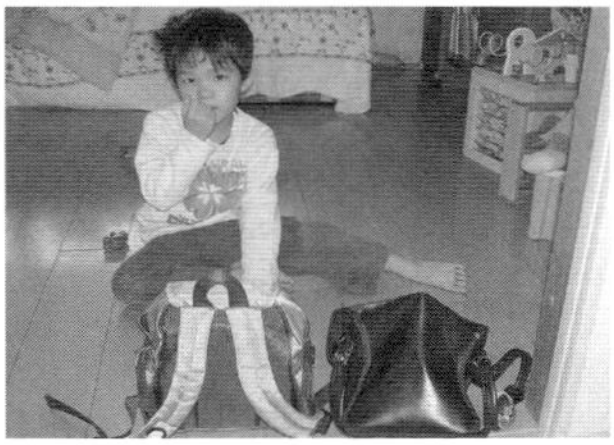

二つのカバンを提げたツヨに思わずカメラを向けたら、にっこりと笑ってくれました。会話ができなくても、そのたたずまいからツヨの強さが伝わってくるようでした。

さらには、それからたった一週間後のことでした。「ごちそうさま」のタイミングでツヨが突然、

「ご、ご、ご」

と発声したのです！　さらに別の日、私がキッチンにいると、ツヨがちょこんとそばに来ました。

「パンパン！」

ツヨのほうを見ると、くりくりした目で私を見上げ、おやつ用に買っておいたパンのそばに立っているではありませんか。まるで私に話しかけるかのように。いや、これは、これは言葉だ！　明らかに「意味のある発語」です。

ああツヨちゃん、何てかわいい声なの――突然聞けたその声は、発音は不明瞭ながらも、きっぱりとした声でした。ツヨを思わず高く抱き上げ、私は叫びます。

「ツヨちゃんが、しゃべった！」

うれしさで涙がポロポロあふれました。

幼稚園の行事にどう参加するか

双子の育児で大忙しの日々の中、大変なこととうれしいことが交互に訪れて、私の胸中は大忙しで

した。そしてドタバタと過ごすうちに、二〇〇七年も年末に差しかかってきています。

幼稚園では一年中、行事がたくさんありました。ツヨが無理なく参加できて、ほかの子どもたちに迷惑がかからないかなど、園と相談しつつ参加を決めています。

春の親子遠足は、ツヨは欠席しました。私がツヨだけにかかりきりになり、コトにしわ寄せがいくのはよくないからです。ツヨは「障害児一時ケア」というところに預け、コトと私で参加です。コトは前日から用意した色とりどりのお菓子を胸に抱え、お友達との交換に目を輝かせていました。

夏の遠足の磯遊びは休日に行われたので、親子四人での参加です。親は岩場でツヨを追いかけるのに必死でした。園児たちはカニなどを捕まえてキャーキャー遊んでいましたが、ツヨはほぼ全身浸かって海水浴状態。カニもびっくりしたことでしょう。

ところが、ツヨはやがて飽きてしまい、突然走って帰り始めたので大変！　帰りのバスの出発まで待たず、私たちはみんなより先に電車で帰る羽目に。ところが、駅に着いたそのときでした。ツヨが駅のエレベーターに向かって猛進したのです。エレベーターでホームまで上がっては階段で駆け下り、家族四人で何度も上がったり下がったり。人にぶつかるのでは！　すばしっこくて手が離れるのでは！　と、ヒヤヒヤして生きた心地がしませんでした。

秋の遠足は、ツヨは欠席しました。介助の先生の都合が悪いうえに、東京の水族館までバスで一時間以上かけて行くというハードさだったからです。

でも、近隣の山への小遠足は参加させました。山頂の野原で、先生や幼稚園バスの運転手さんやお友達と体を動かしてのびのび遊んだそうです。遊具などのないところでツヨが過ごせたことにびっくりでした。こぼれる笑顔で自然の中を走り回る姿が目に浮かび、胸が熱くなりました。

そして十二月。お遊戯会があります。舞台でのお芝居と合奏です。当然欠席だと思っていました。ところがクラス担任の先生は、ツヨにも劇中の役をつけてくれたのです。

「ほかのお子さんや、ビデオを撮ったりする親御さんにご迷惑なので、欠席でも大丈夫です」

と遠慮したのですが、

「少しでも楽しめるといいね」

と園長先生が笑顔で、返事のないツヨの頭をポンポンとなでてくれました。

涙と決意のお遊戯会

親のほうがドキドキしながら、予行練習を経て、お遊戯会の当日を迎えました。

お芝居でツヨは、お友達に手を引かれて舞台に登場！　観客の多さに一瞬ビクッとしてその場で固まりましたが、二人の男の子にグイッと両手を引っ張られ、舞台中央へテテテッと出てきます。両脇の二人がセリフを言う間、手をつながれて立ち尽くすツヨ。

偏食のため、みんなより一回り小さい、やせっぽちの男の子。衣装も頭の飾りもちゃんとしている。でも、視線は宙を泳いでいます。靴下を履けないので一人だけ素足に上履き。

「あれっ？　あの子……」

という空気が保護者席に流れ、場内が水を打ったように、一瞬静まり返りました。

〈そうです。入園のときに、皆さんに写真付きの「ツヨの紹介&お願い」をお渡ししたツヨです〉

〈この世の中には、こういう子もいるのです〉

胸が、苦しくなりました。両脇の二人のセリフが終わって、引っ張られて舞台袖に退場するツヨ。

〈どうして周りの子たちは、どんどん成長していってしまうの?〉

巧みに発表する子たち。将来の希望に満ちたあの子たちとは、ひとり違う世界にいるツヨ。輪の中に入るとやけに不憫《ふびん》に思え、みんなとおそろいの衣裳を身に付けた、かわいい盛りのツヨの晴れ姿が涙でかすんでいます。

でも、ツヨの演技は上出来でした。舞台の上にしっかりと立ち、その目は真っすぐに前を見据えていました。ツヨの命の存在を、まるで証明しているかのように。やるべきことをやったのです。先生と、パパと、私の間の評価では、舞台に上がれただけでもう大健闘でした。泣きもせず、嫌がりもせず。楽しんですらいたかもしれません。いや、きっと楽しんでいたはずです。

〈ツヨが進むのは、ほかの子たちとは違う険しい道かもしれない。きっと転ぶことも泣くこともあるだろう。でも、ツヨは何度も立ち上がって、必死に歩くに違いない〉

こみ上げる切なさを抑え、一生懸命頑張ったツヨの姿を、私は胸に焼きつけたのでした。

外出時のコツ

幼稚園のお遊戯会を終えホッとした途端、双子が順番に風邪をひきました。

かかりつけの小児科や薬局にツヨを連れていくのは、これもまた一苦労です。ツヨは、どこでもお店などの「内側」に入ろうとします。病院の受付ブースの中、医師や看護師のみが使う奥のスペース、薬局の調剤スペース。

人が自然と察する、入ってはいけない場所であることを察することができないのです。すばしっこいツヨのあとを追いかけ、私は冬でもいつも汗だくでした。

ツヨは散歩の帰りによく同じコンビニエンスストアに寄り、乳酸菌飲料を買ってイートインコーナーで一気に飲み干します。その日、私がパンなどを買おうとしている一瞬の隙に、ツヨが先にレジに行きました。すると、店員さん不在のレジカウンターの内側に入り込み、バーコードリーダーを手にしているではありませんか！　以前、とにかく早く飲みたくてお金を払わずイートインコーナーに持っていこうとしたことがあったので、会計が終わるまでレジの前で待てるように訓練した矢先の出来事でした。

（もっていくまえに、これをピッとするんだ）と思ったのでしょう。うん、ある意味合っているが、自分でやってはだめなのだ。すぐに私に抱っこされて引き戻されるツヨでした。

外出は目が離せなくて大変ですが、ツヨにとっての学びの材料があふれていました。私は感情的になるのではなく、淡々とした表情や口調で、引かない態度で接しました。**「ここ」というときには、主導権は私（母親）が握る、という強さをもたないと、一生侮られてしまう**からです。ツヨの強固なこだわりに負けそうになることも、もちろんありました。でも、こちらの本気度をツヨは感じていないようで、実は感じているのです。そういうことの積み重ねが、お互いに我慢したり妥協したりできる、絶妙な信頼関係を築いていくのではないでしょうか。

具体的な対応としては、基本、手をつないで離さない。入ってはいけない場所に入ろうとしたらグッと引っ張りその場ですぐ止める。「他人の敷地に勝手に入る」「人のものを触る」といったことは成功体験にさせせない。ここは重要です。

でも、どんなに気をつけていても、ご迷惑をおかけすることがありました。そのときは、

「すみませんでした。実はこの子は……」

と説明して謝罪しました。

こだわりにも波があるので、強まっているときは、外出を控える決心も必要かもしれません。ツヨの場合、今は急に走り出したり、ひたすらエスカレーターを上がったり下がったりすることがブームなので、人とぶつかりでもしたら危険です。それに万一、見失って迷子になったらと想像すると身が凍ります。訓練のようなことは、お互い調子がいいときにするのが賢明なのでしょう。そして年齢が上がると自然と落ち着く行為もありました。

こだわりは心の安定の源

一方で、危険ではない、もしくはそれほど迷惑ではない範囲の彼の行動をすべて禁止することはできません。そんなことをすれば、一日中禁止し続けなくてはならなくなってしまいます。

「暴れようがなんだろうが、甘やかさないで、ダメなものはダメと押さえつけてでもやめさせたほうが、本人のためじゃないの？」

そう言われることもあります。正論かもしれません。でも、幼いうちは、基本的に危険ではないこだわりには付き合うつもりです。

そんな中で、少しだけわかってきたことがありました。こだわりと付き合うコツのようなものかもしれません。

まず、誰も困らないこだわりはスルーすることです。

こだわりを作らないように先手を打って生活するのも大変ですし、新しいこだわりが出現するたびに家族でガッカリするのも疲れます。周りの人が困る内容でないならば、

〈どうぞ。どうぞ。律儀だね〉

と、必要以上に気にしないようにしました。すると、こちらの気持ちもフッと楽になります。

周囲の人たちの生活も考えながら、本人の、これだけは譲れないという思いを見極め、「こだわり

は安定の源」と尊重しつつ、できるだけそれに支配されないで生活することが大切です。

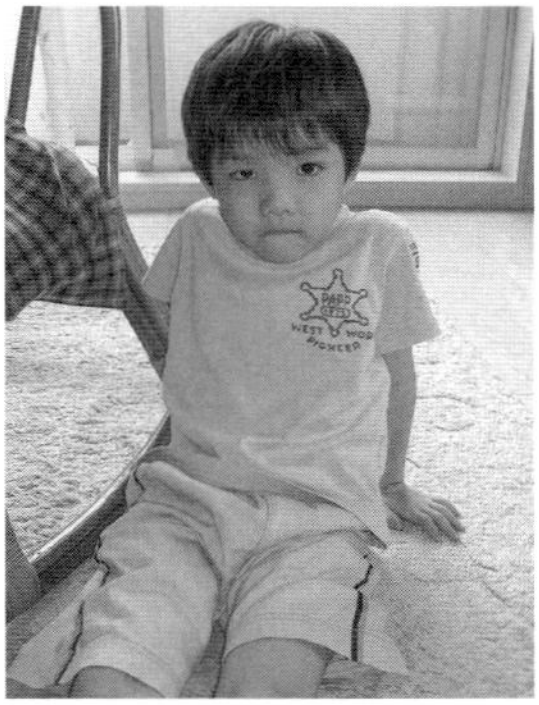

絶対に譲れないんだ、ぼく

エレベーターがやめられない

ツヨの「エレベーターこだわり」が最強となってしまいました。

ツヨは初めての場所でもすぐエレベーターを発見し、エスカレーターと組み合わせてグルグル建物や施設の中を走ります。十往復、二十往復……一時間でも。水族館で魚を見ずエレベーターに向かって走り、冬休みに行ったホテルでも走って、朝食バイキングの会場にたどり着けず――。

「だったら、外になんて出かけないで、おうちに閉じ込めていたら」

そう思う人もいるかもしれません。実際そのほうが楽でもあります。でも、外出・外泊の経験を小さいうちから重ねることは、将来の「自立生活や余暇活動」の道へとつながっています。大きくなってしまってからの初体験では、本人も周りももっと大変になるに違いありません。

――しかし志はあるものの、現実は厳しい。しかもエレベーターの中で跳ぶので、誤って地震だと感知されそうでドキドキ（そんなときは、頭をちょっと押さえると跳ねるのがいったん治まります）。ところがツヨは、こちらの気持ちなどまったくお構いなしに階数ボタンをめちゃくちゃに押し、ドアの開閉にくぎ付けです。人がいると迷惑になるので、そういう場合は抱っこしてサッと降ります。

〈家族でお出かけはしたい。でも、こうなるとしばらくは外を連れて歩けない。しばらくってどのくらい？　わが家はいったいどうなってしまうの？〉

悶々と悩みつつ家にこもったままで、わが家の二〇〇七年は暮れていきました。

診察・これから伸びる面、もう伸びない面

ツヨのもつ難しい特性に振り回され、少し煮詰まっていたときのことです。療育センター長による診察の順番が回ってきました。

診察室に入ると、ソファの前にカラフルな木製の知育玩具が置いてあります。穴の開いた木片の色

や形を規則的に選びながら、輪投げのようにはめていく棒通しです。こういった知育玩具は、手先の器用さや集中力、自立心などを訓練するために、療育の教材としてもよく使われます。

ツヨは、教材を目の前に出されると、どんなものでも集中して取り組み、すばやく完成させるタイプです。センター長の声かけも待たずにさっそく取りかかりました。やる気満々。色や形をピシッとそろえ、あっという間に完成させます。ところが、センター長が見ているのはそこだけではありません。声かけや指示に対する反応や理解度も観察しているのでした――。

ツヨはセンター長の顔をチラとも見ずに、「もっとほかの教材をやりたい」とでも言いたげにキョロキョロ。その後は助手の先生と別の教材をやり、私はセンター長と話をしました。ツヨがこの先どんなふうに成長していくのかについても思い切って尋ねました。

センター長が説明するには、診察室に来ている自分の今の状況や、流れの意味はわかっていないとのことでした。ツヨには教材しか見えていないそうです。

「できたよ」

と得意げにするでもなく、人からの言葉かけもまったく無視。対人関係などの社会的な面は、この先大きくなってもあまり伸びないだろうと告げられました。ただ、

「作業の内容は、成長につれてランクアップするでしょう」

とほめられました！　ツヨは今後も、人と共同したり一緒に楽しんだりはできないかもしれません。でも、コツコツと一人でやるお仕事ならできるかもしれない。この沸き上がるような「意欲」もきっとツヨの長所になる。いやはや、まさにこだわり職人になれるかもしれません！

第 5 章

自閉症の子と一緒に生きるということ

外出の失敗から学んだこと

二〇〇八年四月。コトは幼稚園、ツヨは療育センターと幼稚園の二本立てのまま、年長になりました。新学期が始まり、双子はとても元気です。年長組になって、張り切っているコト。

「さすが年長さん！　年長さんは違うね！」

私のヨイショにのせられて、お手伝いや片づけを一生懸命やっています。本当にけなげ。

そんな中、振り込みで銀行に行かなければならない用事ができました。ツヨが幼稚園に行っている間に済ませればよかったのに、忙しすぎて面倒なことをつい後回しにしてしまった結果です。そこで、よせばいいのに私はツヨを連れて銀行に出かけたのでした。「エレベーターこだわり」は最近とても強いけれど、外出にも少し慣れてきたし、ちょっとはこちらの用事にも付き合ってくれるように訓練できないだろうかと、淡い期待を抱いて……。

まずバギーでスーパーの中にあるハンバーガー屋に行って満足させて、そこから銀行へ誘導しようと考えました。歩かせないでバギーに乗せたのは、そのほうが抵抗なくこちらの用事に付き合ってくれることが多かったからです。

出発前に、ハンバーガー屋の写真を見せます。ここはスムーズに出発できました。

スーパーに着き、もう一度お店の写真を見せました。しかし、ツヨはバギーから降りてしまい、エスカレーターへダッシュ。まぁ、ここまでは想定内。

「歩きますよ」

と言って、なるべく走らせないようにします。一階から五階、五階から一階まで、エスカレーターの上り下りを二度繰り返したところで何とかやめさせて、地下のハンバーガー屋へ誘導成功。

おなかは空いているはず。ところが、混んでいてカウンターに列ができている！　ツヨは前の人のトレーを持っていこうとしたり、カウンターに登ろうとしたり……。しかし、隣のおばあさんのポテトを箱ごと取って食べていた「前科」があるので、席で待たせるのは避けたい。カウンターと私の間に挟んで、押さえ込むしかありません。人の目が針のようです。

昼食をとったら、いよいよ銀行へ！　バギーを押して歩くこと五分。意外とスムーズに到着です。

やっぱりバギーで来て正解！　しめしめと思ったそのときでした。入り口にツヨの大好きそうな立派なエレベーターがあるではありませんか。私は立っている行員さんをつかまえて、キーッと激しく暴れ出したツヨを抱きかかえながら、

「ここに振り込みたいんです！」

とメモを渡してＡＴＭの操作をほとんどやってもらいました（今だったらセキュリティ上やってもらえないかもしれませんね）。

何とか振り込みを済ませてツヨを放すと、必死の形相でエレベーターにダッシュ！　乗り込むや否や興奮して飛び跳ねるので、地震感知器が作動するのではないかと心底ヒヤヒヤしたものの、何とかセーフ。満足したツヨをバギーに乗せて、私は汗を拭きながら銀行を後にします。

〈本人が興味のないことに付き合わせることは難しい。これは一生変わらないのだ――〉

くっきりと浮き彫りになった、苦い事実でした。

ツヨが変わらないのなら、こちらが受容するしかありません。運命を恨み、いつも苦悩した表情の親になるのか。それとも運命を受け入れ、大変な中にも笑顔を見せられる親になるのか。要は気のもちようだとしたら……選ぶのは自分次第なのかもしれません。

一生、わが子の代弁者になる覚悟を決める

二〇〇八年春、療育センターのそばに、児童精神科のクリニックが開業し、療育センター卒園後のかかりつけ医を探す時期も迫っていたので、行ってみることにしました。

この期に及んで楽観的な診断結果を期待していたわけではありませんが、ツヨの様子を詳しく診てもらったあとの医師の言葉は、予想以上に厳しいものでした。

「運動面を差し引いた知的レベルは重度。自閉も重い。この先、知能指数は、たぶん下がっていくでしょう」

「内言語・表出言語とも非常に乏しい状態。物の名前が少し理解できる程度で、今後、言葉を理解するのはかなり難しい。コミュニケーションをとるための代替手段を与えないと、とても混沌とした状態になるので、注意が必要です」

「ツヨくんの耳には、こちらの込み入ったお話は届いていません。状況や声色、あるいは、習慣で反応しているだけで、本当に汎用化して理解できている言語はほとんどないといってもいいでしょう。というか、そう思って支援してあげてください」

医師はさらに続けました。

「こちらがツヨくんに合わせること。お母さんが『代弁者』になること。その覚悟が必要」

――二人分生きる。

そんな言葉が浮かびました。ツヨが笑顔で暮らせるように、寄り添って代弁者になっていくのだ。

「頑張りすぎないで、頑張ってください」

医師は、診察の最後にそう言いました。

〈ツヨの人生は長い。私は長生きしなければ。自分のケアもきちんとしていこう〉

無垢な瞳で甘えてくるツヨを見つめ、そう心に決めました。

ある日のこと。私がテーブルで新聞を読んでいると、ツヨがちょこんと横に来ました。

新聞から目を上げると、ニコニコしながらじっと私の顔を見て、

「……ば・ば！」

〈えっ？　もしかしてママを呼んでくれた？（ママじゃないところが惜しい！　マとバの中間の音）**初めて呼んでくれた！〉**

（ここ、いるひと、このひと、ぼくのママ。とくべつなひと！）

「ママ」という言葉の意味がくっきりとわかったかのように、私を見つめます。でも、発音は不明瞭。たぶん私にしか通じないでしょう。これ以上の発音はツヨには難しいのだとも悟りました。

でもその声には、私を慕ってくれる気持ちがこもっています。感動と愛おしさが胸にあふれ、思わずツヨの小さな体を抱きしめました。

〈ずっと一緒だよ。ママがあなたの声になるからね〉

ありがとう。最高の贈り物です。

パパのこと

パパは典型的な仕事人間といえるかもしれません。察するということが苦手で、不器用で、真っすぐで、家事はほとんどしません。自分に余裕があるときはやさしいパパですが、カリカリして別人のようなときがあって、私は自分が悪いのかなと落ち込んでしまいます。

外で働く苦労、家で障害のある子、しかも双子を抱えて家事をこなす苦労、比較なんてできません。お互いに苦手な部分を補いながら、ひとつ屋根の下で暮らしていくしかありません。

何を伝えてもすぐ忘れてしまうので、大事なことはメールでやりとりしています。すると、パパは会話のときのような感情にまかせた失言が少なくなって、いい調子！　まぁ、ほんの少しばかり不思議な人かな……。

二〇〇八年六月の父の日の前日は、幼稚園の父親参観日でした。ツヨは、いつもの幼稚園と内容が違うため欠席にし、私と留守番。パパとコトの二人で参加することにしました。

コトは工作の時間に準備したプレゼントや、練習した歌、親子体操などをパパに披露したらしく、満足げに帰ってきました。

「コトもコトなりに成長したなぁ」

パパも感動しきり。コトはパパを独り占めできたからご機嫌です。二人はテンションが高めなところが似ていて、いいコンビなのです。大声でおしゃべりしながら帰ってきたに違いありません。

「家に着いたからもう出していいでしょ！　私が作ったやつ！」

帰ってくるなり、玄関でパパに催促するコトの元気な声。パパへのプレゼントは、色紙にメッセージを書いてくっつけた洋服ハンガー。私にも得意げに見せてくれました。彼女の武勇伝をひとしきり聞き、一息つくと、ふと廊下の向こうでパパの声――。

「ツヨちゃん、ありがとうね。ありがとうね。ツヨちゃん」

見ると、子ども部屋の隅にちょこんと一人で座っているツヨに話しかけています。

「ツヨちゃん、これ、幼稚園でパパに作ってくれたの？　ありがとうね」

床に座るツヨの目線に合わせてかがみ、頭を下げながら、何回もささやくパパの姿。

その手には、幼稚園から持ち帰った袋から出した、ツヨが父の日に向けて作った洋服ハンガーが。よほどうれしかったのでしょう。ツヨに一生懸命、感謝を伝えているのでした。

目も合わず、何の反応もない小さな息子。パパへの贈り物なのだとか、「おしごとがんばってね」

の先生の代筆のメッセージとか、ツヨにはわかっていません。今、お礼を言われていることすら。でも、パパの感謝の気持ちは、何か「温かいもの」として、ツヨの心には届いているはずです。

〈そうだね。あきらめないで伝えていこうね〉

と、パパの後ろ姿に心の中でエールを送りました。

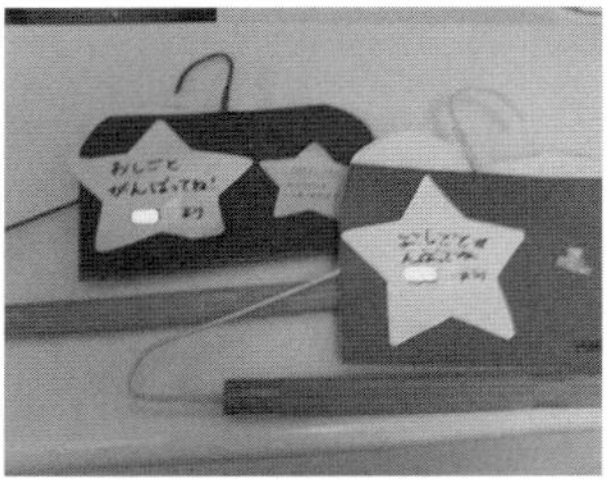

父の日に向けて２人が幼稚園で作ったハンガー
右がコトの力作。左が先生に手伝ってもらいながら作ったツヨのもの

自傷行為の始まり

二〇〇八年六月。療育センター・幼稚園とも、年長の新しいクラスに慣れたようで笑顔満開のツヨ

です。ただ、困ったこともあります。要求と拒否が増え、それが通らないと時折かんしゃくを起こすのです。いろいろ自分で考えている様子がうかがえ、嗜好もはっきりしてきました。

こだわりも強くなっています。例えば、手の洗い方やお風呂の入り方、トイレの用の足し方など。手や体に泡を大量につけて、泡が流れきるまで大量にお湯を出し続けたりします。トイレで小のときでも、いちいちズボン・パンツ・靴下を全部脱いで便座に座らないといけないなど、独自のルールがあるのでした。

車の乗り降りの向きにも厳しく、駐車場がどんなに狭くても、必ず座席の左からでないと乗り降りをしません。道順にも厳しく、曲がり角を一つでも前で曲がろうものなら、後部座席から、

「ぎゃー！（曲がるところがちがう！）」

と叫び続けるため、Uターンして戻り、やり直さないと納得しません。

そんな独自のルールを大量に、毎日、判で押したように何回も何回も繰り返すのです。親といっても人間ですから、急いでいるときや精神的に疲れているときは、

「ダメよ！」

と、ちょっと制したくもなります。ところが、「ダメ」と言われるとツヨは奇声を発し、自分の頭を床に打ちつけたり、頬を自分で叩いたりするようになってしまいました。それは、「叱られる・制止されると暴れる」という「自傷行為」の始まりでした。最も恐れていたことが、現実となってしまったのです！　**「ダメよ」は禁止用語**なのだと思い知りました。

叱られたり制止されたりしたとき、ツヨは自信を失い、私たちには想像できないような、相当な不

安感やストレスを感じているはずです。このままでは自傷行為だけではなく、人を叩くようになる可能性もあるでしょう。気をつけていかなければなりません。

column

強度行動障害を起こさないために

かんしゃくを起こさずに、要求を伝えること。それはとても大切です。

これまでは、絵・写真カードは、外出先を提示するなど、「**本人に、スケジュールを理解させ見通しをもたせる**」ためのものでした。それを次第に、これを食べたい・ここに行きたいなどの「**本人が思いをほかの人へ伝える**」ためのツールにもしていきました。

①好きなお菓子のパッケージ・おもちゃ・乗り物・動物園やプール・近所のスーパーなどの画像をプリント、ラミネート加工してカードを作ります。

※親の用事ではなくて、本人の好きなもの！

②それらを並べて提示します。

「どこに行きたい？　何がしたい？」

すると、ツヨが「あっ……！」という顔になったのです。写真を私に渡したり指差しで教えたりすることはまだ難しいとしても、ツヨの視線や笑顔などから、気持ちを汲み取ることができました。
この方法をとるためには、ある程度の量の写真を用意する必要があり、ちょっと手間がかかります。でも、ツヨの言葉の代わり。三度のごはんより大切なことです。

気持ちを伝える手段をしっかり確保してやらないと、将来、パニック・自傷・他害などの**強度行動障害を起こす可能性**があります。**カード、筆談、タブレット、パソコンなど、一人ひとりに合ったツールを必ず用意**してあげたいですね。

①意思疎通の手段の確保
②嫌がることをさせない・しない
③効果のある薬の服用

自閉症の子の生きづらさを軽減するためには、この三つを守ることが必須だと思います。

小学校を選ぶポイント

二〇〇八年七月。区役所から「就学相談のお知らせ」が届きました。家から車で四十分くらいの場所にある「特別支援教育センター」での就学相談に、本人を連れて出向かなくてはなりません。発達検査を行い、本人や家族の希望などを踏まえながら、具体的な就学先の志望校の優先順位を決め、教育委員会に提出します。

小学校入学まで一年を切っています。ツヨの小学校は、何を優先して選べばいいのでしょう。ツヨのこだわりを理解してくれる環境で、他者と折り合いをつけることを小学生のうちに学ばせないと、ツヨは将来今よりもっと苦労することになるでしょう。あとで長く苦労するのか、小学校のうちに頑張るのか。どちらを目指すべきか、答えはわかりきっています。

そこで小学校を選ぶポイントを次のように定め、就学相談で伝えることにしました。

【ツヨの小学校を選ぶポイント】

- **本人ができるだけ居心地よく過ごせるための視覚支援があるか**
- **自閉症の特性を活かして、得意なことを伸ばしてくれるか**
- **将来のために必要なコミュニケーション手段を身に付けさせてくれるか**

そして、就学相談当日を迎えました。親としてはツヨが何かやらかさないか心配でたまらない一方、やらかしてありのままを見てもらいたい気もします。

ツヨが大人の思い通りにはいかない子だということは十分にわかっていたつもりでしたが、それでもツヨの行動はいつも私の予想を超えていってしまいます。まさか、あれほど汗をかき、思い出に残る就学相談になろうとは。特別支援教育センターは、パパと私、ツヨの三人にとって初めての場所でした。そこで、車に乗る前にツヨに建物の写真を見せました。じっと見入るツヨ。そこまでは順調だったのです。

到着して玄関に入ると、目の前にエレベーター……！　あぁ、何てことでしょう。ダッシュで飛び込むツヨ。パパが慌てて一緒に乗り込み、私は青ざめつつ受付に行きました。

ツヨはエレベーターに乗り続けました。私はダメもとでツヨにきっぱりとこう告げました。

「あと一回でおしまい」

「ぎゃ！」

と叫ぶツヨ。張りつめた緊張感が辺りに漂い、私は冷や汗が吹き出ます。

騒ぎを聞きつけて相談員さんと心理士さんが来てくれました。私たちがエレベーターから降りたくても降りられない状況を察し、一緒に乗り込み、みんなで上がったり下がったり。なだめたり落ち着かせようとしたりと試みましたが、ツヨの興奮は止まりません。大人四人でも太刀打ちできないのか！

十分、二十分……。エレベーターの中でおもちゃ・教材を見せてみましたが、怒って投げ付け、床に頭を打ち付けて暴れる。抱っこするパパの顔をぶつ、メガネを投げ捨てる……。

「発達検査室の室内の様子がわかる写真があれば、見通しがもてるかもしれません」

と提案してみると、心理士さんがどこからか、室内の様子が映った写真カードを持ってきてくれました。さっそくツヨに見せると、ハッと目の色が変わります。不安でいっぱいだったツヨの心に助け船が出され、何とか部屋に誘導することができました。

ツヨ、椅子に座って、最初の一～二問だけ検査を受けられました！

ところが、いい感じ！　と安心したのもつかの間。さっきツヨが放り投げた教材を心理士さんが出したとたん、また、

「ぎゃーー！」

と泣き出して、下に投げ付け、床に頭を打ち付けて暴れます。

〈**ああ、どうしてそれをまた出すかなぁ……**〉

と、心の中で心理士さんにツッコむ私。まぁ、それが仕事なのだから仕方ありません（でも、人にではなくて、あえて下に投げ付けるところがツヨはいいやつだと思うのです）。

「トランポリンや大型遊具のある大部屋へ行ってみましょう！」

相談員さんのナイスな提案に、パパが抱っこしてダダーッと移動。みんなもダダーッと走りました。ああ一体感。

大部屋の隅の小さなテーブルで、やっと就学相談が始まりました。反対側の隅では心理士さんが検査道具を床に並べて、懸命にツヨを検査に誘っています。しかし、ツヨはそんなことはお構いなし。

「あっ！　あっ！」

と心理士さんに指示を出して、道具のようにこき使い、好きなことばかりしています。そちらはそちらで頑張ってもらいましょう。

　相談員さんは特別支援学校の校長先生をされていたそうです。

「重いですね、自閉。これで手帳は中度ですか」

「はい。この対応の困りようは重度で間違いないと思うのですが」

と私。なぜ中度の判定になるかというと、落ち着いていれば療育センターの検査は大好きで、いつも言葉以外のところはどんどんこなしていたのです。小さいうちはそれで結構いい点がとれてしまい、判定は中度。本当は頭がいいのかも、なんてちょっと思います（いずれ年齢が上がると言葉で答えるテストが多くなっていくので、発語がないツヨの点数は落ちていくでしょう）。

　発達検査で点数はとれているけれど、これほど問題行動が多いのだから重度の判定でおかしくない、そういう特性をもった子どもである――相談員さんがそのことをわかってくれたことで、気持ちが急に楽になりました。

　ツヨは興奮し、その状況にパパはすっかり困惑していましたが、私は落ち着きを取り戻し、先日箇条書きで考えた「ツヨの小学校を選ぶポイント」を希望として伝えることができました。

　そして、本人の特性についての聞き取り調査に答えていきます。ほぼ年齢相応の身辺自立ができ、そこそこ器用。運動面もほぼ平均値。記憶力もいい。

「能力の凸凹が非常に大きいです。こんなお子さんには今まで会ったことがありません。お母さんは一体どうやってツヨくんとコミュニケーションをとっているんですか？」と、驚きと同情を隠さない相談員さん。特別感のある子だと感じてきましたが、思い過ごしではなかったのでした。

そして、普通の小学校の特別支援学級ではなく、特別支援学校を勧められました。ツヨとコミュニケーションをとるスキルを、普通の小学校の特別支援学級の先生に求めることはできません。

国立の自閉症専門の特別支援学校を第一志望に、地元の特別支援学校を第二志望にしました。まずは、国立の抽選を受けてみますが、そこは自宅から車で片道一時間弱かかります。六年間送迎をやり通せるか心配だし、きょうだい児のコトにしわ寄せがいくかもしれない。心配の種はいろいろあります。でも、今ここで頑張らないと、結局もっと大変になるのではないか。そう。チャレンジする価値は大いにあるのです。

やっとのことで進路希望表の書き込みを終え、遊びを満喫したツヨを連れてセンターをあとにしました。実は、この日の検査でせめて指差しくらいできたらと思い、絵カードを使っていろいろ特訓していたのですが、結局ツヨが興奮して披露できず。人生そんなものです。

ついに外出成功

年長の六月頃からやけに強まっている、こだわりへの対処に苦労しています。夏休みに入り、時間がたっぷりあるので、改めて外出の練習を始めることにしました。まず、バギーはやめて、歩くことにしました。前に書いたとおり、乗り物での移動に比べ、難易度がアップします。歩きだと、好きなほうへズンズン行ってしまい、行きたくないほうへはテコでも動かないのです。でも、もうすぐ六歳。そろそろバギーを卒業したい。目的地はスーパー。その前後に寄り道を挟むスケジュールです。ちなみに、以前銀行に連れていき大変だった反省から、本人の興味のない用事に付き合わせるようなことはもうしません。

まずは、玄関で行き先の写真を提示しました。本人の目の前で四枚の写真を紙芝居のように順番にめくります。今回はスムーズに歩かせることが目的なので、ツヨが知っている場所を選びました。

①ごみ置き場
②ポスト
③ハンバーガー屋
④コンビニエンスストア

写真を見つめるその姿は真剣そのもの。どこまでわかったのかは不明だけど、さぁ出発です！
①のごみ置き場に向かい、私がごみを置くのを見届けます。
次に、②のポストへ一直線。ツヨが投函しました。
続いては、③のスーパーの中にあるハンバーガー屋へ。交通量の多い交差点も、赤信号の間は待てました。といっても、私に手を軽く引っ張られて止まっているだけで、信号機はちっとも見ていませんが……。銀行のときと同じ道順です。歩道での歩く位置もほぼ前回どおり。道順に融通が利きませんが、これは「記憶力が優れている」ともいえます（といいほうにとりましょう）。

スーパーに着くと、まずエスカレーターで上下何往復かしてから、地下のハンバーガー屋へ誘導しました。ところが、注文しようとした瞬間、急に踵《きびす》を返してまたエスカレーターへダッシュ。仕方なくもう一回昇り降りしてから、気を取り直してまたハンバーガー屋へ誘導します。

前回よじ登らんばかりだったカウンターの前に並ぶと、何と、今回はおとなしく待っています。「並べばいつか買える」ということを学習した模様です。それも記憶力だよね。すごいよツヨ。

帰り道では何度か急に走り出そうとしたので、最後まで気は抜けませんでしたが、車道へ飛び出そうとはしませんでした。歩道上の歩く位置までこだわりで決まっているのが逆によかったようです。

そして最後の行き先、④のコンビニエンスストアの手前まで来ました。

〈さっき見せた四枚目のコンビニの写真、覚えていないかもしれないし。寄らないで帰ろうかな〉と思ったそのとき、ツヨの歩く軌道がコンビニエンスストアへキューッとカーブしました。ツヨは覚えていたのです。四枚の写真のすべての意味と順番を、理解していたのでした。

ツヨは、自分でコーンフレークを取り、買い物カゴへ。それから帰宅し、コンビニエンスストアの袋をチラチラ見ながら手洗いをしたあと、いそいそと食べました。

この子は言葉こそ何も話さないけれど、いろいろなことをわかっている。

（ああして、こうして。これやって、かえったらコレたべて）

ツヨの心の声が聞こえてくるようです。これから先、〝ツヨの思い〟と〝こちらの都合〟に、お互いに折り合いをつけて、やっていけるかもしれない。ツヨは根本的には何も変わりません。こちらの支援がうまければ学習し、まずければ誤学習する。それだけなのです。要は、支援者の腕次第なのですが、私もだんだんツヨの特性に合わせて支援できるようになっていたのです。

真剣さが心をつなげる

自閉症のこだわりは消えることはありませんが、強まる時期と弱まる時期が数か月おきで交互に表れるようでした。七月の就学相談の頃にピークだったのが少し和らぎ、年長の夏休み後半に入ると、調子がいいときの波がやってきたのです。今がチャンスだと思い、新作のカードをたくさん用意して外出の練習をすることにしました。まずはエレベーターのあるスーパーで実践です！

まず、家を出る前に行き先の写真を見せました。写真を見たツヨは、わかったとばかりに靴を履き、いそいそと出かけます。

スーパーに到着すると、まず、キッズコーナーで積み木をしてお遊びタイム。しかし、積み木を並べることに飽きると、エレベーターへ向かうツヨ。これは仕方ないので二〜三回乗ります。

次に「子どもが買い物カートに乗った様子を表す絵カード」をツヨに見せました。

「ぎゃっ！」

（もっとエレベーターにのっていたいのに！）

少し目の色が変わって、案の定怒りました。でも、エレベーターを降りて、何と自分から買い物カートへ乗るではありませんか。

〈おおっ。カードの予定を受け入れた！〉

と内心驚きつつ、しばし買い物。できるじゃない！

しかし、そう簡単にはいきません。行きたいほうへ足でカートをこいでしまいます。近くにあったほしいものだけサッと買い物カゴへ入れる私。そしてツヨに「レジで精算している様子を表す絵カード」を見せたら、素直に足でカートをレジのほうへこいでいきました。

精算が終わったものを袋に詰める間だけでもじっとしていてもらうため、ツヨに家から持ってきた小袋のお菓子を与えます。長居は無用。次は幼稚園にコトを迎えにいくので、幼稚園の写真を見せてカートから下ろします。すると、こちらの意に反してダーッと別のエレベーターへ。最初からこのエレベーターも制覇する気でいたのでしょうか。ここは私が折れるところ。

「行っていいよ。でも、一人で行かないで。ママと手をつなぎます」

目を見てきっぱり言いました。私の本気度にびっくりして、手をつなぐツヨ。そして二〜三回乗ったところで、ツヨにエレベーターの写真を見せ、この日のために作っておいた「おしまい箱」にそれを入れました。ツヨはのけぞって怒ったけれど、ここでは私も絶対に引きません。

「おしまいです！」

あくまで冷静に気迫を込めて伝えると、泣きそうな顔で、帰る方向へ歩き出しました。

そこでハッとしました。ツヨはまっすぐ前を見ているけれど、自分の手を横に高く差し出しているのです。

（てをつなぐんでしょ？）

伝わっている。ちゃんと伝わっています！　エレベーターに乗ったら次は買い物に付き合うことも、何回か乗ったら終わらなければいけないことも、手をつなぐことも。前回のスーパーへの買い物で学習し始めた「周囲と折り合いをつける」という目標に、また一歩近づいた瞬間でした。

※1　終わった課題や行動に関する写真を入れ、「終わった」ことを視覚的に理解させるための箱。療育センターでよく使用された。

第6章

いつの日か
筆談できることを夢見て

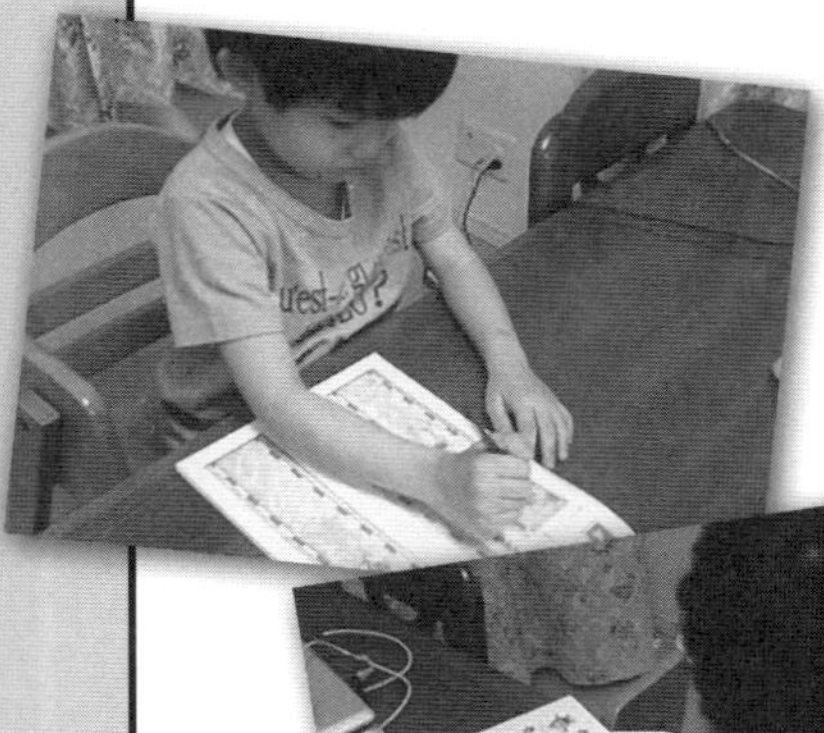

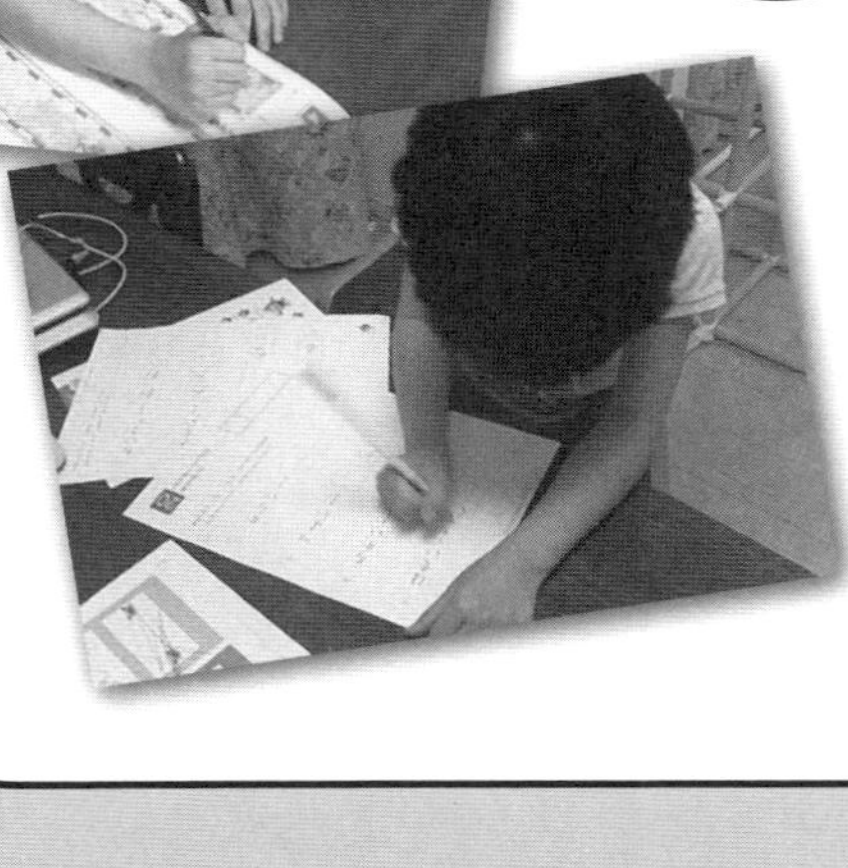

ツヨは線を引く
運筆ドリルに
コトは入学準備
ドリルに夢中!

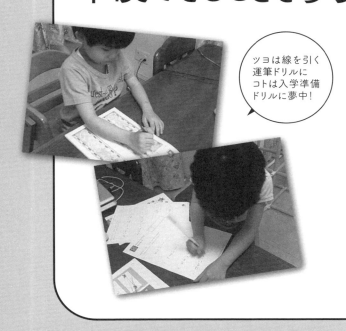

読み書きの練習へ

ツヨはものの名前をだいぶ意識できるようになってきました。

絵・写真カードやジェスチャーを使うことに取り組んでいますが、自閉症の親の手記などから、「筆談」という手段があるらしいことがわかりました。文字盤やパソコンを使って会話をするのです。いつか大人になったツヨと、文字でおしゃべりができたら――。私にそんな夢ができました。

現実を嘆くより、大きな夢をもって生きたほうがずっといい。どんな苦境にあっても、乗り越えた先にきっと得るものがある。それが人生の醍醐《だいご》味《み》というものではないでしょうか――。自分にしか背負えない大切な義務を与えられたとき、人は強くしなやかになれるのかもしれません。

さて、まずは何から始めようか。よーし、まずは鉛筆を持つところから始めよう！と、この章の扉の写真は運筆ドリルをしているところです。

私が引いた線をなぞるやわらかな手。何回も繰り返すうちに、始点と終点を少し意識できるようになってきたかな。写真だと、ちゃんとやっているように見えますねぇ。筆圧が弱いため、実は手元はフラフラです。おりこうさんに見えるのは親ばかでしょうか。ふふふ。姿勢は一〇〇点！

下の写真はコト。小学校入学準備と銘打ったドリルが楽しいらしく、やる気満々。でも、まだひらがなの練習です。ああ、こちらも先は長い。

筆談に向けての学習の始まり

単語を一つでも多く覚えれば、いつか筆談ができたとき、より多くの気持ちを伝えられるはずです。段階を踏んで進んでいきましょう。

①ものにはすべて名前があることに気づいてほしい

家族はゆっくりはっきり声かけするよう心がけました。自閉症の子は、人の話を聞いていないようで、実はよく聞いているものです。「ごはん」「おふろ」「トイレ」などの基本的な単語は、あえて声に出し、食べ物の名前なども、「りんご、おいしいね」と語りかけるようにしました。

②ものの名前にはひらがなの綴りがあることを教えていく

五歳になった頃から、市販のカードを使って物の名前と綴りを意識する遊びを始めました。「ひらがな」カードなどがとても便利です。カードの表側に「め」などのひらがな一文字が書いてあり、裏側にはメガネの絵が描いてあるというものです。

カードを使った遊びの手順はこうです。

・食卓などのテーブルに向かい合って座る
↓
・カードをテーブルに並べる
↓
・「ぶどうはどれ？」などと、こちらが言った単語のカードを選べたら正解

しかし、はじめはそんなにうまくいきませんでした。私が発する単語などお構いなしに、自分の好きなカードを選んで手にとるツヨ。テーブルから全部集め、トランプのように重ねて持つ。またテーブルに広げる。手に集める。この繰り返し。はぁ、そうかぁ……。こちらがルールを提示してもツヨは自分のルールを作ってしまうのでした。うーん。それにしても、すごく集中してやっています。

〈ん？　あれ？　もしかして〉

手に集めていく順番をメモしていくと、何と決まった順番で集めているではありませんか！　カードは二十枚。ツヨが自分で、絵の面を上にして適当にバラバラッとテーブルに広げ、メガネ・靴・りんご・冷蔵庫……と手元に重ねていきます。何回やっても、二十枚同じ順番で集めるのです。初めて見たカードなのに。

〈うわ、これはすごい記憶力！　まさか天才？　……ではないにしても、この記憶力と集中力、一度決めたルールを守る力を、将来ルーティンワークのお仕事で発揮できるのでは！〉

と、鳥肌が立ちました。思いがけず、隠された能力を発見できたのでした。

今度こそ指差し、できた？

年長の夏休みが終わって新学期が始まり、新しい教材を始めてみることにしました。ツヨの場合、どうしても赤ちゃん向けのようなレベルになってしまいます。

今回選んだ教材は、例えば、車と犬が並んで描かれた一枚の画用紙を見せて、

「ワンワンどれ？」

から始めるといった、指差しを促すことからスタートするドリル。

ツヨを机の前に座らせて、さっそく始めます。

「これからツヨくんのお勉強を始めます。よろしくお願いします」

開始の合図をすると、ツヨはペコッと頭を下げました。先ほどの絵を見せます。

「ワンワンどれ？」

ツヨが、犬を選んで指差しをすれば合格。ツヨの視線が犬の絵に注がれます。手をとって、そっと犬の絵の上にのせてみました。無理強いは禁物です。ものには名前があることをだんだんと覚えていこうね。

数日経ち、ゆっくりだけれど着々と、正解を出せるようになっていきました。

（できることがふえるってたのしいな。ほめられるとうれしいな）

ツヨがそう思ってくれることが一番大事です。

こうして指差しのドリルを三か月続けると、耳で聞いてわかる名詞と動詞が結構あることが改めてわかりました。例えば、椅子・はさみ・えんぴつ・りんごの絵があります。試しに尋ねます。

「座るものはどれ？」

すると、テーブルによいしょ、とおしりを乗せて、何と椅子の絵の上に座ったのです。

「あははっ。なるほど！　そうだね。わかっているのね。では、食べるものどれ？」

と聞くと、りんごに口を近づけて食べる真似。

「なるほど。そうだよね」

でもさ、ツヨ。「指差し」っていう便利なものがこの世にはあるの。

ツヨの手をとって、柔らかな小さい人差し指を、そっと伸ばしてやり、一緒にトントンと紙を触ります。日が経つごとに助ける力を緩め、そっと手を添えるだけにしていきました。

そしてついに二週間後、ツヨの右手の人差し指を私がチョンと触って合図を送ると、一人で指差しをするようになりました。

（ねぇ、ぼく、これたべたい）

などと人に伝えるための方法として、自発的に指差しができるようになることがゴールです。

「果物と野菜の絵のカード」にもチャレンジしました。

「バナナはどれ？」

と、いろいろなものを尋ねていくと、そこに視線を落とすことができています。偏食であまり食べないのに、果物の名前には興味があるようです。図鑑などにもいろいろな絵が載っていますが、一つひとつ分かれているカードのほうが集中できるので、視覚的に混乱しません。少し値は張るけれど、家にある図鑑で済まさずに、絵カードを買ったのは正解でした。裏にひらがなとカタカナが書いてあるので、くるりと裏返して絵と名詞をセットで覚えるのにも使えます。

部屋からピアノの音がしたので見に行くと、コトの指を見て、ツヨが真似をして一緒に弾いていました

ドレミファソラシド♪

双子、夢の連弾!?

入学選考で大泣き

双子の小学校入学まで半年を切った十一月。国立の特別支援学校の入学選考面接と抽選がありました。就学相談で第一志望にした自閉症専門の学校です。

そして迎えた第一次選考日。「健康診断と校長面接」が行われます。

マイカーに乗る前に、学校の写真で行き先を確認しました。現場での流れがわからなかったので、スケジュールは作らず、健康診断に備えて「医療サポート絵カード」[1]を持参しました。

学校に到着すると、まず健康診断のため保健室に案内されました。すかさず、医療サポート絵カードを提示するも、ツヨの表情がにわかに険しくなりました。嫌な予感――。

ツヨは怒り出し、保健室の椅子から逃れようとのけぞります。何かツヨなりに思い描いたこととは違ったようで、キーキーと大騒ぎを始めました。

次は校長先生との面接。名前を呼ばれ面接会場へ誘導されますが、長い廊下をツヨと手をつないで歩くも、何と途中に大きなエレベーター！　焦る私にサッと抱っこされて通過するも、

「ヒー！」

（のりたい！）

うん。そうだよねぇ。ツヨも不安な気持ちの中、エレベーターが助け船のように見えたのでしょ

う。校長先生の待つ部屋に入る頃には、泣き出していました。

（はやくおわらせて、あのエレベーターにのせて！）

「エレベーターに強いこだわりがありまして。申し訳ありません！」

大声で伝えるも、ツヨの泣き声にかき消されそう。でも、先生方にツヨの本来の姿を見せたいと思ったので、ツヨにはかわいそうだけど、号泣してくれてかえってよかったのかもしれません。それにしてもこんな様子で果たして選考を通過できるのか——まったく自信がありません。

選考結果と抽選

選考結果が届きました。何と、第一次選考を通過しました！

そして数日後。第二次選考の「抽選」の日がきました。このくじに当たったら、自閉症専門の学校で手厚い支援が受けられます。

でも、わが家からは毎日往復二時間の道のり。送り迎えで、二往復四時間もかかります。

小学校に上がるコトのことが頭に浮かびました。

〈コトの授業参観の日はどうする？　風邪などで学校をお休みした日はどうする？〉

※1　大阪府ホームページ内『医療サポート「絵」カード』で検索

そんなことを考えているうちに、私がくじを引く番が来ました。

封筒の中の紙に書かれた番号で合否が決まります。箱の中をのぞき込むと、一通の封筒に視線が吸い寄せられました。こう、封筒から「気」が出ているような気配がしたのです。

——当たりました！

当たってしまいました。

翌日、興奮冷めやらないまま、幼児訓練会の先生に合格の報告をすると、

「きっと神様が、ツヨくん、行きなさいと告げていたのかもね」

と言われ、ストンと気持ちが収まり、いよいよ覚悟が定まったのでした。

他害行為の始まり

それは、ツヨが風邪で体調を崩したことをきっかけに始まりました。熱はすぐに下がったものの、体調不良が精神面まで不安定にしているようで、イライラを人にぶつける「他害」が出てきてしまったのです。噛む、つねる、叩く……。たった一日で、パパはあざだらけになってしまいました。一度噛む経験をすると、繰り返しがちになるのかもしれません。ツヨは人の気持ちは読めませんが、顔の表情はよく見ています。噛まれた人の反応は大きくてわかりやすいので、

（つうじた！）

と誤解して覚えてしまうわけです。構図はこう。

①ツヨ、おんぶをしてほしくてパパを噛む。

②パパ、噛まれたくないのでおんぶする。

③ツヨ、噛めばおんぶしてくれると学習する。

恐怖の悪循環です。そして皮肉なことに、この一連のパターンを学習したことでツヨは、**（たたく、かむことはべんりだ）**と気づいてしまったのです。明らかな誤学習です。そこで次のようなことに気をつけました。

- **まずはツヨの体調を整える。**
- **原因を考えて取り除くなど、不適切な環境を整える。**
- **怒りが最高潮に達する前に、何か別のことでツヨの気を紛らわせる。**
- **他害の経験を積ませないように、叩かれそうになった人はサッと避ける。**
- **噛まれそうになったら、その人は別室に逃げ、ドアに鍵をかける。**
- **噛まれてしまったら、即座に「いけない」と怖い顔で叱る。ただし叱りすぎない。**

こういった対応を続けると、噛む行為は次第に頻度が減り、定着するには至りませんでした。しかし、不安な気持ちは変わらず強いようで、私にしがみつくなど、依存している様子がみられました。

どこまでが性格？　どこからが自閉症？

それからしばらく、わが家では落ち着いた日々が続きました。

二月の北風に吹き付けられながらベランダで洗濯物を干していたら、ツヨが窓を閉め鍵もカチャリとかけ、私は閉め出されてしまいました。でも大丈夫。もう一つ出入り口があるので、ベランダに出るときは、必ずそこの鍵を開けてから出るようにしています。

しかし、ツヨはいいやつなのです。真面目でやさしいのです。お風呂のとき、トイレに入らないでお風呂場に行ってしまったので、

「ツヨー。おトイレ行って〜！」

と促すと、慌ててはだかでトイレに走りました。しかし、シャワーで足が濡れていたのでしょう、床を濡らさないように、つま先立ちで真剣な顔をしてトイレに駆け込みました。そして、ちゃんと手を洗ってまたお風呂場へ。律儀です。

ある日の昼に私と出かけたときのこと。ごみを捨ててから行こうと思い、試しに、

「これ持って」

とお願いすると、ツヨは空きビン・空き缶の入った袋を手に持ってくれました。両手にごみ袋を持っ

て、私と二人で仲良くごみ置き場まで行き、

「ここだよ」

と指差しをすると、ちゃんとビン・缶のコンテナに入れてくれました。

「じょうずだね」

と私がほめると、自分で手をパチパチ。やればできるじゃない！


　さらに、夜にパパとじゃれて遊んでいるとき。きゃっきゃと笑っていたのに、急に遊ぶのをやめて、真面目な顔をしてティッシュを一枚持ってきます。そして床をキョロキョロ。どうしたのだろう？　とツヨの視線を追うと、興奮しすぎてちょっとよだれを垂らしてしまったようで、拭こうと探していたのです。そっか。床が濡れたら、拭くんだものね。

　ツヨくん。鍵は開けてくれないし、人のお願いもなかなか聞いてくれないし、そっけないけれど、真面目でいい大人になりそうな気がします。

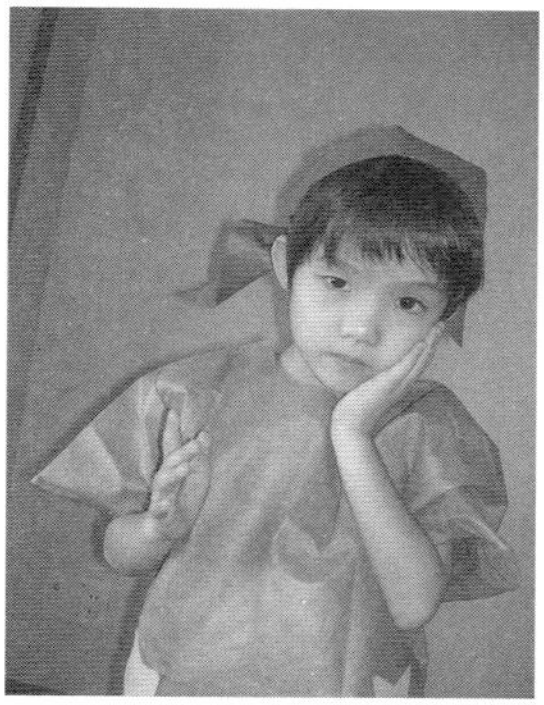

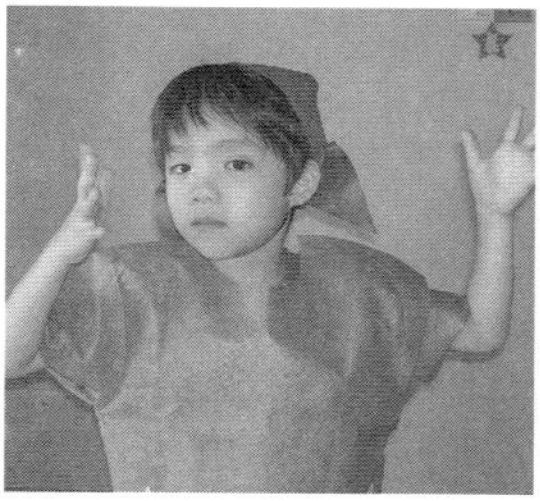

家で年長のお遊戯会の衣装を着せてみたら、意外にも踊ってみせてくれました！

初めての指差し「ぼく、ここに行きたい」

その日は日曜日で、コトとパパがスーパーに買い物に出かけるというので、ツヨと私は玄関で二人を見送りました。

ところがその日は、二人が出かけてすぐに、家事をしている私のところにツヨがトコトコやってきました。振り向くと、手にカードを持っています。そして、それを私に渡します。

〈えっ？　ツヨが自分からカードを持ってくるなんて初めて！〉

と驚きました。

それは「カートを押しているお母さんと、子どもが一緒にいる絵カード」です。普段、買い物の練習に行く前に見せるようにしているものでした。カートの絵を指差しながら、私の顔を覗き込むツヨ。そんなしぐさも、指差しを自分から自信をもってしたのも初めてのことです。

〈えっ！　もしかして、ツヨも買い物に行きたいの？〉

ハッとしました。どうせわからないと思っていたのです。コトとパパが買い物に行っていることを――。

でも、ツヨは見ていたのでした。いつも同じスーパーの袋をぶら下げて楽しそうに帰ってくる二人を。もしかして、私たちの会話もところどころわかっているのかもしれません。

〈ああそうか。ママはツヨちゃんに、ひどいことをしたかもしれない。気持ちも聞かずに家で私と一緒に留守番をさせたこと。子どもらしい好奇心にふたをしようとしたこと。連れていく大変さと家にいる気楽さを秤《はかり》にかけたこと……〉

「お買い物に行きたいの？」

と尋ねると、パッと輝くツヨの表情。

「じゃ、トイレに行って、靴はいて」

私の声かけを理解し、さっと行動。上着も自分で着て、玄関で立ってこちらを見ています。

(カードがぼくのことばだよ。ママはぼくのきもちをきっとわかってくれるはずだから、ぼくはゆうきをもってつたえたんだ)

そう言いたげに、私を待ちながらまっすぐたたずむ姿。自分から初めてカードで気持ちを伝えてくれたツヨの瞳は、芽生え始めた自信と私への信頼感に満ちていました。

もう独りぼっちの世界じゃない。ツヨと、この世界がつながったね――。

すごいよ。ツヨちゃん。

しゃべれないだけ。あなたはおりこうさん。

よいことはさらに続きました。偏食で食が細かったのですが、年末にひいた風邪のあとに少し食欲が出たことがきっかけで、肉や野菜がしっかり入った焼きそばを食べるようになったのです！

子どもがおいしそうに食べる姿はいいですね。好きなメニューが少しずつでも増えるように、ゆっくり見守りましょう。

そんなふうにツヨがみるみる成長を見せている中、不思議なことがありました。幼稚園のヒヤシンスが、ツヨの球根だけ咲いたのです。ツヨが頑張って生きているごほうびでしょうか。先生とお友達がとても喜んでくれました。

笑い声
たえぬ窓辺に　凛と咲く
言葉なき子の
紅ヒヤシンス

体験入学

三月初旬。ツヨの小学校の体験入学がありました。ツヨにとっては、大泣きした健康診断と面接以来となる、四か月ぶりの登校です。ほんの一時間ほどの登校ですが、また騒ぐことになったらどうしたものか――出発前から私の不安が膨らみます。

そこで朝、お出かけするよとだけツヨに伝え、学校のパンフレットを玄関にそっと置いてみました。きっとツヨが見つけて中を見るに違いありません。私が提示するより、自分で見つけたほうが、ワクワク感があったりして？　との私の思惑からです。すると、朝食を食べ終わったツヨが、いつの間にか手に取ってじっと見入っていました。背中越しにツヨのテンションが上がっていくのがわかります。

「学校、行きます。先生です。遊びます。お勉強します」

と教えると、目がキラキラ！

〈おお、ツヨはこれを求めていたのかもしれない！〉

私の中に期待感が生まれ、張り切って車を走らせました。

学校に着くと、ツヨは上履きに履き替え待合室に。やる気満々です。対応してくれた女性の先生が、すごくわかりやすいニコニコ顔とはっきりした口調で、

「ツヨくん、こんにちは！　今日は遊ぼうね！」

と近づくと、目を合わせてツヨもニコニコ。続いて若い男性の先生が迎えにくると、

（ママ、バイバイ）

と、手を内向きに振って、スキップであっさり去って行きました。えーっ！

小一時間して戻ってくると、すがすがしい顔のツヨ。ついてくれた男性の先生が頬を紅潮させて、

「教室移動も、体操も、お友達の後について歩いたり、真似をしたりも、とてもじょうずにできました！」

「個別課題は、出せば出すだけ、どんどんやりました。カードもスケジュールも必要ありませんでした！」

と、ほめてくださいます。私の膝で甘えるツヨを見て、

「お母さんの前ではこんなふうに甘えるんですね」

とさっきまでの自立した様子との違いに、とても驚いています。この学校は、真面目なツヨにとても合っているかもしれません。ツヨは、ワクワクする次のステップをすぐに上がるつもりなのです。私の想像をあっさりと超えていきました。

「落ち着いた環境でどんな成長をみせてくれるか、楽しみにしていてください」

と最初に対応してくれた女性の先生に言われ、私は浮き立つ気持ちで帰途についたのでした。

　筆談を目標に据えたコミュニケーション方法の獲得に向けて、私は学校に期待を寄せています。もちろん家でも併行して取り組むつもりです。

　遠足などの楽しい学校行事もたくさんあるとのことでした。ワクワクするような体験がツヨを待っていることでしょう。ツヨにも彼が主役の楽しい人生が待っているのだ。内容は全然違っても、コトと同じように、ツヨにも明るい明日がきっとある。そう思わせてくれる体験入学でした。

　わが家にはピカピカの一年生が、二人いるのです。明るく幸せな気持ちが私を包んでいました。母親の私の役割は、車を走らせて一生懸命送迎することのみです！

もうすぐ卒園

そんな二人の卒園の時期が迫っていました。ツヨは週二回しか幼稚園には行かないので、卒園まであと五回しか登園できません。

でも、卒園モードなのは私だけで、ツヨはそんなこと夢にも思っていません。朝、幼稚園の制服を出してやると、ブラウスにズボン、ジャケット、ボタンもホックも全部自分で留め、カバンを提げて、スキップで出かけていくのです。まるでこの楽しい日々が、永遠に続くと思っているかのように無垢で軽やかに。この日々が終わることを説明できないのが少しだけ不憫《ふびん》ですが、前向きで真面目なツヨですので、きっと小学校にも喜んで通うに違いありません。

幼稚園に通って顔見知りもできました。やさしく声をかけてくれるママ友もいます。運動会やお遊戯会でのツヨの様子を、温かくほめてくれるママ友もいました。つらく苦しかったとき、自分を取り巻く人のやさしさや助けに気づいたのです。そうしていつの間にか、強い孤独感が少しだけ和らいでいました。

多くを理解してもらうことはできないにしても、固い殻に閉じこもって不幸そうにしていたら、きっと人は近づいてきません。朗らかに生きることを、私も忘れてはいけない。そう心に刻み込みました。

涙の卒園式

幼稚園生活もあとわずかとなってきた頃、担任の先生と電話で話しました。週二回しか登園しないツヨは少しばかり人気で、いつもお友達が周りにいっぱいだそうです。お友達は、卒園の別れを惜しむようにツヨを抱っこしたり、お膝に乗せてくれたり、ほっぺにチューしたり。ツヨとしては、かわいがってもらえてうれしかったのでしょう。おとなしくニコニコして受け入れていたらしいです。

ついに卒園の日を迎えました。卒園式は約二時間。そんな長時間、ツヨが席でじっとしていられるのか心配しましたが、粛々《しゅくしゅく》と式が進行する中、ツヨは頑張って座っていられました。上出来でした。

園長先生が壇上に立ち、卒園証書を一人ずつ渡していきます。コトは立派に証書を受け取りました。とても感受性が強いコト。年少さんの頃は本当に泣き虫で、教室での泣き声が園庭まで響いていたっけね。泣くことは少なくなり、ちょっぴりお姉さんになりました。

そして、ツヨの番が近づいてきました。担任の先生に名前を呼ばれると、介助の先生が代わりに、

「はい！」

と返事をして、ツヨにピタッと寄り添って壇上へ。

まさか、卒園できるとは。わからないことだらけで泣くばかりで、もしかしてすぐやめることにな

るかも、と覚悟していたのに。こちらの心配をよそに、ツヨは幼稚園にいる二年間、幼稚園の生活になじみ、いくつかの集団生活のルールを学ぶことすらしてくれました。

健常の子どもたちとの関わり合いから生まれる情緒面の成長。絵カードうんぬんではないコミュニケーションの世界。子どもたちの笑顔。やさしさ。幼稚園で味わってほしかったものを、ツヨは存分に享受することができたのです。もちろん我慢しなければいけない場面もあったでしょう。でも、それすらもこれからのツヨの人生の糧となってくれるはずです。

そして迎えたこの卒園式。壇上にいる姿を見て、抑えていた涙があふれました。隣のパパも、嗚咽《おえつ》をこらえながら、しきりにうなずいています。

ツヨはリラックスした様子で、園長先生から証書を受け取りました。ただ一人緊張していない園児だったかもしれません。ツヨが証書をもらった瞬間、介助の先生は泣いていました。

午前中の卒園式が終わり、続いて謝恩会。お世話になった幼稚園に少しでも恩返しするつもりで、私はＰＴＡの卒園委員を引き受けていました。秋頃から謝恩会の企画を始動し、プログラムを考えたり飾りつけを作ったりする係です。仲間のお母さんたちと楽しく活動したことは私にとってもいい思い出です。

謝恩会では司会をさせてもらい、私のもてるだけの力を出しました。会は大成功。子どもたちや先生、親まで涙、涙の謝恩会になり、盛り上がりすぎて、片づけが終わった頃にはもうすっかり暗くなっていました。

帰り際、園庭で別れを惜しむ人の数もまばらになった頃、私とツヨは先生一人ひとりにお礼を言い

ました。ツヨに
「バイバイして」

と促すと、そのたびに真剣な顔で、内向きバイバイで律儀に応えるツヨでした。小さくてもいいので、ツヨのことが皆さんの記憶の片隅に、残ってくれているといいなと思います。生きる力にあふれた、甘えん坊の小さな男の子の姿が。

たくさんの方にお世話になった幼稚園。でも、お世話になったことばかりではなかったことが、最後にわかりました。二年間ツヨのクラス担任をしてくださった、若い女性の先生からの最後の連絡帳の文面にこうありました。

「ツヨくんのおかげで、みんなもやさしい気持ち、思いやりなど、いろいろなことを学ばせてもらいました」

ツヨ、コト、卒園おめでとう。

僕は自閉症で生きていく

入学を直前に控えた三月末。幼稚園でクラスのお別れ会がありました。

普段の幼稚園の日課とはまったく異なる、親子でのイベントです。いつもどおりに過ごすことが大好きなツヨがパニックになるのではないかと心配でしたが、

〈もしイレギュラーな場にいられたら儲けもの、くらいに考えて行ってみよう。やっぱりダメだった、となったら帰ろう!〉

と割り切る覚悟で連れていきました。

するとと、予想に反してツヨは満面の笑み！　ピョンピョン跳ねながら大勢いる卒園児の中に混ざっていって、ケラケラと笑いころげていました。ゲームも先生への花束贈呈も、ツヨにはよくわかりません。みんなが楽しそうにしているのを遠目でちらちらっと見て、雰囲気を楽しんでいるようでした。ツヨは本当によく笑うようになりました。

そして、おかしを食べ終わり、最後に卒園児が輪になって歌い始めたときでした。ツヨが、輪の中にダーッと入っていってしまいました。みんなが丸くなって歌うちょうど真ん中で足を伸ばしてちょこんと座り、みんなを眺めています。みんなはツヨを見ながら歌い踊り続けます。歌は「世界に一つだけの花」。みんな、幼稚園で習った手話を交えて歌います。

するとと、ツヨがピョンピョン跳ね出しました。

「ラーラーラ、ラーラーラ……」

のくだりで、子どもたちが大きな輪のまま、手をつないで大きく前後に振っています。

そのとき突然、ツヨが私のところに走ってきて私の目をじっと見て、笑顔で大きく前後に手を振り始めました。

子どもたちの輪の中で跳ねるツヨ

（みて！　ママ！　ラーラーラ、ラーラーラ……）

目頭が熱くなりました。

〈お友達と同じように、踊っているの？　歌っているの？

みんなキラキラしているよね。大きな声で歌っているね。あなたの声は誰にも届かないけど、今、ママの胸には聞こえたよ。

そう。本当はいつだって、一生懸命お話しているのだよね〉

（これがすき！）

（ここ、いきたいなぁ）

（あれがたべたいの！　おなかがすいたよ〜）

（ママ、これ、りんごだよね？　ぼく、しってるよ）

（ようちえん、だいすきなの！）

〈ツヨちゃんの言いたいこと、すべてをわかってあげられなくてごめんね。不自由でごめんね。それなのに、こんなにいい子に育ってくれて、ありがとう。ありがとう――〉

かわいい姿を目に焼きつけたいのに、涙でぼやけてしまってもう見ることができませんでした。

その夜、すやすやと眠る小さな背中をさすりながら、さまざまな思いがこみ上げました。自閉症は治るものではありません。生涯付き合っていくものです。ツヨの人生にはこれからも大変なことがあるでしょう。でも、私たちはきっと幸せに生きていける。この子の心の声に、生涯、耳を澄ましていこう。大丈夫。ママ頑張るからね。

うれしいけれど泣けてくる。この先も、きっとそうでしょう。でもね。ツヨちゃんがうちにきてくれて、本当によかったとママは思います。

世界に一つだけの花
一人一人違う種を持つ
その花を咲かせることだけに
一生懸命になればいい

みんなが大好きな歌が、遠くで聞こえたような気がしました。

さぁ。いよいよ入学式。桜が満開です。

健康で元気に小学校に行けるということが、どんなに幸せか。それを忘れず、それぞれの学校生活のスタートをしっかりと切らせるつもりです。

第 7 章

小学校での国語の学習と思春期の嵐

双子の岐路

小学校へのあこがれが膨らんできているコトは、学区の小学校の普通級に上がります。そこで「ツヨが同じ小学校へは行かないこと」を知らせる時期が来ました。

私はタイミングをみてコトの前に座り、ゆっくりと話を切り出しました。

「コトちゃん、あのね。ツヨちゃんは別の小学校へ通うんだよ」

「え、どうして？」

ツヨも同じ小学校に行くと思っていたコトは、きょとんとした目で私を見ました。

「ツヨちゃんはほかの子とちょっと違うからよ」

「ふーん？」

そのやりとりはそこで終わり、コトが違う話題にしてしまいました。あら、すごくドライ。それともよく理解できなかったのか。拍子抜けしましたが、翌日、

「あのねママ。どうしてツヨちゃんは〇〇小学校に行かないの？」

と、コトが改めて聞いてくるではありませんか。おお、ちゃんと伝わっていたか。そこで、

・幼稚園のように、「ツヨを特別にみてくれる先生」がいないと、ツヨが困ってしまうこと

・先生がたくさんいる学校でないといけないこと
・字を読んだり書いたりできないから、みんなのように算数や国語を勉強できないこと
・そして何より、お話ができないこと

と理由を伝えると、コトの口から思いがけない言葉が出てきたのです。

「ツヨちゃんは、やさしい学校に行くんだね」

脱帽です。私の想像以上に、ツヨの状況がよくわかっているのでした。

二年前。ツヨが一年遅れで初めて幼稚園に一緒に登園したときの、コトのはじけるような興奮ぶりを、ふと思い出しました。

「私のツヨちゃんが幼稚園に行くのよ！」

幼稚園バスに一緒に乗りながら嬉々として叫んでいました。きっとツヨもうれしかったと思います。二年間だけだったけど一緒に学べてよかったね。

私のおなかの中で、一緒にスタートを切った双子。もう二度と交わることのない別れ道にさしかかったのでした。

きょうだい児に告知

小学校一年生になるコトに、ツヨの障害のことを話すことにしました。

「ツヨちゃんはどうしてお話できないの？」

という質問が、このところよくあったからです。

「障害」の言葉は六歳のコトには理解しにくいので、あえて自閉症は「病気」ということにして伝えることにします。

私はお絵かきをするコトの前に座り、顔を覗き込みました。

「ツヨちゃんはさ、おしゃべりできないよね。実は、自閉症っていう病気なんだ」

「え！　やっぱりツヨちゃん、病気だったんだ」

私の言葉を聞いたコトは、すごく腑《ふ》に落ちた様子でした。脳に小さい傷があること。薬がないこと。だから治らないし、大人になってもずっと自閉症であること。でも、訓練でできることが増えること。そしてばかにしたり、真似をしてからかったりしてはいけないことなどを伝えました。

六歳のコトはしばらく考え、

「脳みその傷は痛いの？　かわいそう」

とこわごわと尋ねます。

「すごく小さいから、全然痛くないよ」

そう伝えると、ホッとした表情に変わりました。少し考えて、コトはこう続けました。

「私はツヨをばかになんてしないし、お友達がばかにしたら、こらこら！　と言うよ！」

そう笑顔で言い、少し考えてから今度は真面目な顔になって、

「できないことがいっぱいで、ツヨは学校で怒られない？」

と心配そうに聞いてきます。本人のせいではないから怒られないことや、できないことがあるのは悪いことではないことなどを、一通り説明しました。すると、

「ツヨのこと、大好きになった！　たくさんできることが増えるように応援する！　まずママって言えたら、次はコトって言ってほしい！」

ああ、負けました。コトに完敗です。いつかツヨがコトの名前を呼んでくれる日がきますように。

column

きょうだい児には十分に目と声をかけて

ツヨがパニックになったときなどは、コトに我慢をさせてしまったこともありました。でも、そのことで文句を言ってくるような子ではありませんでした。

むしろ、夕方になって「明日、算数で分度器がいる……」と言ってきて、私のほうが「何でもっと早く言わないの！」とつい怒ってしまい……。ツヨがいない時間帯でなければ文房具一つ買いにいけなくて、本当に大変な時期でした。あとで埋め合わせをするなどして、コトの笑顔が消えないように気をつけたものです。

例えばツヨをパパや一時ケアに預け、コトと出かける時間を意識的に作りました。買い物・ランチなど、**ママを独占**できて本当にうれしそうでした。

一人の子の障害が重い場合、**きょうだいの発達の遅れに気づきにくい**ことがあります。わが家の場合は、コトの「のんびりとした発達」をおおらかにとらえていました。たとえASDやADHD（注意欠如・多動症）が併存していても、少しくらい忘れん坊でも、小学校低学年までは、本人が困っていることがないなら、のびのび過ごして、**自分を卑下しないで**いてほしいと思ったからです。学校の勉強は中の上ぐらいにはできていました。

ところが、小学校四年生くらいになると「友達との関係に問題が起こる」「集団から孤立してしまう」などの困りごとが出てきたのでした。その後、中学校卒業頃に、知的に問題のない自閉症の診断を受けます。

障害は極めて軽度であるけれど、ストレスに対して非常に弱く、それが本人の大きな生きづらさとなっていきました。うつ状態の診断も受けており、両家の家系をみると若干遺伝の影響がないともいえません。

でも、「家族に愛されて育ったから心は満ちているよ！」と言い、将来の自分を思い描くコトを、ツヨのそれとはまた違った形で支えていくつもりです。


障害の重い子ばかりを家族の主役にせず、**きょうだい児と一対一で向き合う時間をしっかりつくることが大切です。子どもの頃に培った愛着形成が、一生の支えになる**と言っても過言ではないと思っています。

「きょうだい児のことをよくみる」とは、二度とやり直しのきかない時期を、大切に過ごすということではないでしょうか。

それでもひょっとしたらある日、「きょうだい児の育児に失敗した！」と気づくこともあるでしょう。そんなときは、やり直しはきかないけれど、反省してその日からすぐ舵を切れば、きっとそれが最善の道になるに違いありません。

小学校での国語の学習は一生の宝物

小学校での生活が始まりました。国語・算数の個別指導が毎日二十分あるのがツヨの小学校のよいところです。教育目標として、絵・写真カードでのコミュニケーション方法を、いずれ筆談での会話に結び付けたい旨の希望を伝えました。まずは絵・写真カードでの要求の練習からスタートです。

小学校一年生では、要求しやすいものとして、最初は「先生との体遊びカード」や、「小さなお菓子」カード。手渡せば叶うんだ！　という気持ちの積み重ねが大切だそうです。やがて、指差し・ちょうだいは確実にできるようになり、意思の疎通が少し図れるようになっていきました。

文字に関しては、まず一年生で自分の名前をひらがなで書く練習を始めます。単語を繰り返し耳で聞き、ものに名前があることにしっかり気づくことをしました。

二年生は、来る日も来る日もひらがなを書く練習。きっとツヨの頭の中では、「あいうえお」がぐるぐる回っていたことでしょう。

そのときは、三年生で訪れました。ある日、お風呂の中で私が「あー」というと「あー」と真似をして発音したのです。喜び勇んで先生に連絡帳で知らせると、次の日の学校で先生の促しにより、「いー」「うー」「おー」、そして名前を呼ばれて「はー（い）」と手をあげて返事ができたのでした！

四年生で五十音の音と形をすべて覚え、発音しました。ところが、本人はすべて発音しているつもりだけど、どうしても発音できない子音がある。つまり、「ぶどう」と言っているつもりでも「うおう」にしか聞こえない。発語はこれが限界でした。

五年生。いよいよ本格的な学習です。「ものには名前がついている」ことを知って一つでも多くの単語を覚えます。筆談の始まりでした。

絵を見せて先生が「にんじん」と発音。裏返して「にんじん」の字をツヨに見せる。字を見てツヨが五十音を指差す。絵だけのにんじんを見せても、五十音表で「にんじん」と指差せるようになるまで繰り返す。字を忘れてしまったらもう一度、字を見せる。

「ちゃーはん」「ぎょーざ」「すぱげってぃ」……ツヨは好きな食べ物なら長い単語も頑張って覚えました。逆に嫌いな「きゅうり」などは見向きもしませんでした！

にんじんの絵カードで勉強

家の冷蔵庫に貼ってある五十音表

これを一年間繰り返し、一〇〇個ほどの食べ物などの単語の文字を覚えることができました。できたらハイタッチする、ほめるなど、ゲーム感覚で楽しんで教えてくださった先生方には感謝！

次第に一般的な単語へと広がっていきました。食べ物はもちろん、掃除機・電子レンジなどの家電、タクシー・ヘリコプターなどの乗り物……家庭学習では教えようとも思わなかった単語をツヨは覚えていきました。

五十音表だけではなく、タブレット端末のトーキングエイドというアプリも使用しました。五十音表と違い、音声を読み上げてくれる機能があるので非常に効果的でした。

それから十年。今でも五十音表は家の冷蔵庫に貼ってあります。夕食でうどんが食べたくて、「うどん」と指さすツヨ。これ便利だな、ときっと思っているでしょうね。

豆知識

ひらがな五十音表

ひらがな五十音表は、インターネットで検索できます。個人で使用するためならプリントして使うことができます。ラミネート加工をして使用させてもらっています。とても便利です。

思春期の苦しさ

大変ながらもここまで無事に生きてきたツヨでしたが、小学校六年生で大きな壁にぶつかりました。精神が混沌《こんとん》とした状態になり、行動の停止、および行動の繰り返しが現れたのです。

じっと動かないために食事や徒歩での移動に何時間もかかるようになり、やっと到着したと思ったら、走って元居た場所に戻ってしまう。上履きを靴箱に入れて教室に入ったと思っても、靴箱に戻り何度も入れ直す。入浴しようとしても服を脱ぐのに何十分もかかる。やっと入浴が終わりパジャマを着ると、さっきまで着ていた服にまた着替え、もう一度お風呂に入ろうとする。周りも大変でしたが、本人が一番つらかったと思います。

一生このままだったら、どうしようか……と私は恐ろしくなって、いろいろな本を読み、何人もの専門家に相談しました。大きな病院に連れていくと、精神安定剤がかなり増量され、しばらく入院して環境を変えるしかないとのこと。三か月は必要と言われました。思春期に体が大きくなるとき、脳の成長が間に合わないことがあるのだそうです。ツヨは小児総合医療センターの閉鎖病棟ですべての刺激を絶ち、人とも最低限しか触れ合わず、一人で過ごしました。ずっと窓の外を眺めていたそうです。人も生活もツヨにとっては混乱するだけの存在になってしまったのでした。

うまくいっている間は気づきませんが、自閉症はとても奥が深く難しい障害なのだと、改めて気づかされました。きっと想像以上に大変な世界の中で、彼らは生きているに違いありません。

ツヨは三か月である程度軽快し退院することになりました。すると、今度は病室にこだわってしまい、出ることができません。どうやって家に連れて帰ればいいものか？　私はツヨの大好きなハンバーガーを車の後部座席に用意し、その写真をツヨに見せ、車に乗せる作戦を立てました。

「ハンバーガー、食べる？」

ツヨの喉がごくりと鳴って、駐車場に向かって一目散に走り出しました。

「お世話になりました！」

見送ってくれた看護師さんを振り返ることすらできず、ツヨを追いかける私。どこの世界に、走って退院する人がいるでしょう。でも、元気になったツヨの顔を見て、私は思いました。これからも相当大変な私たちの道は続くだろう。でも、ツヨの笑顔が見られるのなら、私は心から幸せだと。

column

生きづらくないＡＳＤになるために

走り出す、大声を出す、自傷や他害を起こす……そんな行動は障害者本人の「**これは嫌いだ！　助けて！　わかって！**」**という心の叫び**です。

ＡＳＤには生来非常に重篤な症状をもつ方がいることも確かで、その方々に私ごときができることは少ないかもしれません。ですが、ほとんどのＡＳＤは、「**幼児期からの育児と支援方法を間違えなければ、社会の中で生きていくための、その子なりの力を身に付けさせてやることができる障害**」だと思っています。

子どもの気持ちに寄り添うことが、難しいときもあります。親だってへとへとです。そんなときは、少し子どもから離れて、自分の好きなことで気分転換。そして仕切り直します。

何が嫌だったのかな？　スケジュールは理解できているかな？

余計な刺激は与えていないかな？　このやり方で本当にいいのかな？

ツヨの**思いを肯定できているかな？**　私、疲れていないかな？

そうやってツヨと歩いてきました。そして二十二歳の今、ツヨはとても幸せそうに毎日を暮らしています。生きづらくないＡＳＤになるための育て方を、今日も明日も、ずっと私は続けていくことでしょう。

エピローグ

現在のツヨ

二〇二四年、双子は二十二歳になり、彼らなりの人生を歩んでいます。

私は双子を分け隔てなく愛し、手をかけ、目をかけ、声をかけて育ててきました。まったく平等に愛されたよ！　とたまにコトがほめてくれます。

ツヨは真面目で丁寧な性格の青年に成長しています。いつもどおりをこよなく愛し、自分なりのこだわりを粛々《しゅくしゅく》とこなす毎日。もちろん「いい加減にして！」と思うこともたくさん……！

でも、家族や周囲は受け入れるしかありません。うまく気分転換しながらお互いに折り合いをつけて生活しています。それがツヨの精いっぱいの生き方なのですから。

刺し子（刺繍）や園芸などを生産活動とする生活介護事業所が、ツヨの平日の居場所です。しっかり着席して刺し子に取り組み、年末のバザーで多くの作品を販売することができ、売り上げにちょっぴり貢献しました。刺し子以外には、プランターで育てた植物での草木染めや、芋ほりをしておやつに食べるなどの楽しみも。余暇活動は、毎日の約一時間のウォーキングやドライブ、音楽リズム・カラオケ・ダンス・ヨガ・ＤＶＤ鑑賞など。合間の時間には自立課題をこなしています。多くの事業所を見学し、やっと本人に合った事業所に出会うことができたことは幸運でした。

●ツヨの利用している福祉制度

療育手帳Ａ１。ＩＱは十六、障害支援区分六。障害基礎年金一級。行動援護のガイドヘルパーによる事業所から自宅までの余暇活動を兼ねた送迎。短期入所を月に五泊程度、市のショートステイ・一時ケア事業も月に二回程度利用。重度医療証、ガソリン券の交付。自動車税・粗大ごみ処理手数料・水道料金基本料減免等。

column

精神安定のための薬について

本人がやりたいと思ってするのがこだわりですが、ツヨの場合、もはや本人も望まないのに、やらないと気が済まないようなことがあります。「強迫行為、強迫観念」と呼ばれ、精神症状の一種になるとのことでした。**こだわりに効く薬はありません**が、**不安や興奮を軽減する薬**を使うことは、本人のためにも選択肢の一つとしてもいいのではないでしょうか。

ツヨは幼いときは、効果が比較的穏やかなリスペリドンを使用していました。思春期に不安定になり、小学校六年生からプロペリシアジンとオランザピンを服用しています。今は大きく崩れることはなくなりました。

強めの薬を出さない病院もありますが、本人の生きづらさが少しでも軽くなるためなら、遠慮せず別の薬について相談する、病院を変えるなどしてみてもいいと思っています。先輩お父さん・お母さんから、病院・薬などの情報を集めることもおすすめです。

コミュニケーション面

言葉は話せませんが、本人の「伝えたい」気持ちがしっかりとあります。「あっ」「おっ」などの発語と前後関係により、慣れている人とは意思の疎通が可能です。食べたいもの、行きたいところは、五十音表・ジェスチャーで教えてくれます。今年のゴールデンウィークの最終日に、私を五十音表のところへ連れていきました。

「〇〇〇〇」

(明日から、また〇〇〇〇に行くんだよね?)

自分の通う事業所の名前を指差しして、私の顔を覗き込みます。

「そうだよ。明日からまた行こうね。長いお休みだったね」

そう答えると、コクリとうなずくツヨ。これは間違いなく会話。私は、一人感慨に浸りました。ひらがなを覚える訓練をして本当によかったと。

物は考えよう

もちろん、大変なことも未だにあります。相変わらず不安感が強く、こだわりで気持ちの安定を求めるのはずっと一緒。でも、よい習慣に役立てようとした結果、ごみ捨て・片づけのエキスパートとなりました（笑）！　ただ本人のルールがあり、家族が飲んでいるペットボトルを早く分別したくて、誰ものんびり飲むことはできません。私の着る服・しまう場所・着替えのタイミングも決まっていて指図してきます。いつもどおりでないと不安で仕方ないのでしょう。それぐらいのこちらの不自由は、ツヨの不安でいっぱいの心が少しでも楽になるのなら、いくらでも引き受けます。まぁ、おかげでわが家はいつも整頓されているという、ナイスな効果を得ています。物は考えよう。ＡＳＤの家族との生活を、窮屈ととるか、そうきたか！　ハハハ、好きにしていいよ！　と笑うのかなのです。それによって、見える世界が変わってくるはずです。

column

ママの息抜きは家族を幸せにする！

双子が生まれてから小学校卒業までの間、私は常に気持ちが張りつめていて、心に余裕がありませんでした。

令和の現在、娘に「**あの頃のママは疲れていて、ちょっとコワかったよ**」と告白され、しまった！　と反省しています。子どもや家庭とまったく関係のない趣味でもあれば、息抜きできたのかもしれません。何せ当時の趣味は育児ブログを書くことだけでしたから。

子どもを誰かに託せる時間が長くなってきたら、スポーツでも映画でも何でもよいので、思いきって「**家族のことを忘れる時間**」をもち、ストレスを発散できると、「疲れてコワいママ」の汚名を返上できるかもしれませんね！

親亡き後のこと

双子が成人し、私はまもなく六十歳を迎えようとしています。今度は私たち自身の亡き後のことを考え始める年代になりました。ツヨの行き先はグループホームや施設。そろそろ入居するか、私が病気や加齢で思うように動けなくなるまで頑張ってからにするか。ツヨは自宅以外で寝泊まりする体験を積んできています。相性のよいグループホームに巡り合えば、ほかの利用者と折り合いをつけながら生きていけるでしょう。しかしながら近隣にグループホームが少ないのが現状です。

column

親の急病と一時ケア

そのときは急に来ます。私はめまいと腹痛などのために三回救急車で運ばれました。ツヨと二人きりのときの腹痛では、日頃お世話になっているサポートセンターに電話をして緊急対応で迎えに来てもらい、ツヨを見送ったあとに自分で救急車を呼びました。胆石でした。

携帯電話に緊急時の連絡先をしっかり登録してあります。

ショートステイ・一時ケアは障害児・者を預かってくれる場所です。最初の登録や体験からの利用が面倒だという人もいますが、小さい頃から利用していると、緊急対応でもスタッフが本人のことをよく知ってくれているので心強い安心材料になるでしょう。

いざというときに頼れる場所と人脈を、時間をかけて丁寧に積み上げていくことが、安心して暮らすための大切な土台となってくれます。親の様子がおかしいことや予定の変更で不安でいっぱいなうえに、知らないところに連れていかれるのは、とてもかわいそうなことですから。

まずは、きょうだい児の行事や自分の通院のときなどに機会を作って、短い時間から預けてみてはいかがでしょうか。

きょうだい児への期待と障害の気づきにくさ

さて、一方のコトのお話です。

温和なツヨと活発なコト。性格は真逆といえるでしょう。

生まれたときからコトは癇《かん》が強い赤ちゃんで、周りの子より半年から一年くらい発達の遅れがあるかなという印象でした。とはいえ、療育を受け支援級に進む必要はまったくなく、学校の勉強もいい点数を取るまでに追いついていきました。

小学校三年生のときに、忘れ物がひどいため、ツヨの通う発達クリニックで念のため発達検査を受けました。すると「確かにＡＤＨＤの傾向はあるが診断名をつけるほどではない」との結果でした。ところが四年生くらいから、友達との人間関係においてスムーズにいかないことが出てきたのです。反抗的な態度をとり、教師に叱責されることもしばしばありました。屈託のなかった時期が終わり、思春期特有の少し陰のある表情を見せ始めたのでした。

中学校に上がると、ポンポン会話を弾ませる女子たちと距離を置くようになりました。本人いわく、自分はテンポが遅いのだそうです。自分から入ると決めた剣道部では、技が難しくて覚えられない、剣の角度がどうとか、ちっとも理解できない、先輩に毎日怒鳴られる、という事態が起こりました。勉強も苦手な教科が増えていきます。ゲームのキャラクターなどはいくらでも覚えられるので、興味のないことは覚えられないということでしょう。

中学三年生の進路決定の時期を迎え、あまりにひどい成績にパパが驚き、納得できず、だったら診察を受けろと言ってきたのには青ざめました。そこで知人に教えてもらった心療内科に連れていき、改めて診察を受けたところ、

「自分が世界の中心、自分が法律である知的障害のない自閉症です。療育や手厚い支援は特に必要ありません」

と言い渡されました。

ああ、やっぱりそうなのか――私はそんな腑に落ちたような心境でした。正直、わが家は私以外みんな「自分が法律」の家族だからです。

ASD自体が悪いわけではありません。むしろ、その裏表のない性質が私は好きです。ところが気の強いコトにとっては、そんな簡単なことではありませんでした。この世は、苦手で腹の立つことばかり。さらにうつ状態もあり、その生きづらさはツヨとはまったく別の様相を呈していました。

そして中学校卒業間近になり、学校はつらければ休んでもいいのだということに本人が気づき、そこから不登校になりました。障害がある子というのはツヨのような子のことという認識もあって、自

分にも苦手なことがあるという障壁にぶつかったときの落ち込みが大きかったとも言います。

でも、知的に問題のないＡＳＤでも苦手と強みを自覚しつつ、充実して生きている人が大勢いるのではないでしょうか。診断を受けても本質的には何一つ変わらないと私は思っています。

ところが、興味のあることしか長続きしないこと、勉強・部活を頑張れないことを、パパが許せなかったのです。診断名を聞いたのに、結局「頑張ることこそが美徳」というパパの考え方は変わりませんでした。母親である私の育て方が悪かったと厳しく叱責したうえ、成績が最悪なことに憤慨して学習塾に乗り込み、理由を明かさないまま剣道部を辞めたコトをののしりました。私はパパに何も言い返しませんでした。そうじゃないんだよな……と思いつつ、パパも本当に気の毒だと思ったのです。ツヨとコトのことをとてもかわいがるパパです。家族のために仕事も必死に頑張り、コトに普通を求め、人並みの期待をしたとしても誰が責められるでしょうか。それからは私が二人の間に入り、込み入った話は直接やり取りしないようにしています。パパとコトは、今は二人で冗談を言いながら町のラーメン屋に行ったり買い物をしたりするような関係というところでしょうか。

怒りからは何も生まれない。家族が仲良く暮らすには、お互い責めたら終わりなのです。

現在のコト

コトはおそらくストレスに対する生来の脆弱性《ぜいじゃくせい》があり、乗り越える力が弱いのだと思います。ストレスに押しつぶされまいと、服などの買い物やゲーム課金、過食に走ることが目下の困りごとです。高校は通信制の不登校クラスに通い、インターネット依存やオーバードーズなどを経て、何とか卒業できました。うつ状態に関しては、不安が大きくなると心配ごとのグルグル思考に陥ります。時々元気を失って、不安で仕方ない、と思いつめます。何が心配なの？　と尋ねてみると、

・将来が不安
・お金を使いすぎてしまって、自分では歯止めがきかない。将来が不安
・ツヨの将来が心配
・ママやパパがいなくなったら、ツヨがかわいそう
・元気が出ない。きっと自分は薬が効かない体質だ
・もし元気になって、一般企業で働いたとき、発達障害だからうまく仕事ができなくて上司にきっと叱られる。そうなったとき、メンタルがあっという間に壊れる。それが怖くて仕方ない

といった感じです。物事を自分に都合よく解釈するといった器用なことはできません。何とかなるよ、なんて適当なことは言わず、納得できるように一つひとつ整理してあげています。そして両親が笑顔でいることが本当に大切で、家族で会話を楽しみ、気分転換を図ることができると、やがて晴れやかな表情になります。親には素直な、やさしい娘です。

生きづらい軽度のＡＳＤ・ボーダーの子への対応

発達障害の傾向があるきょうだい児をもつ家族は少なくありません。重度でも軽度でも、幼い頃からの愛着形成、信頼関係の築きは必須で、親の心の中を「子どもへの肯定的な気持ち」で満たすことが大事です。**できないことを強く叱責すると、生きる自信を失いかねません**。

うつ状態などの二次障害を、悪いものとしてとらえて落ち込むばかりではなく、頑張って生きてきた軌跡として受け取りたいと私は思っています。

娘への親としての具体的な支援ですが、コトの場合はまずお金の管理、食生活・睡眠を含む生活リズム全般を整えること。また、インターネット犯罪や詐欺など世の中の危険なことや、生きるうえでの雑学をコツコツと伝えます。お金に関しては、クレジットカードは持たせないことはもちろん、お金の貸し借りはだめなことを再三伝えています。お金のことに限らず、生きていくために必要な知識は、知的に問題がないＡＳＤであればなおさら、いつかきっと役に立つことでしょう。

こうして暮らしていく

解決できることには全力を注ぎ、無理はさせない。そうしてわが家は暮らし続けています。コトはこれからも失敗を繰り返しながらも自分と向き合って、未来へと進んでいくでしょう。

精神障害者保健福祉手帳二級。障害基礎年金二級。手帳は二十歳になってから、就労のために取得。週五回一日二時間、就労継続支援B型事業所のカフェで働いています。自分の将来のためにも、ママを助けるためにも、これからは家事も頑張りたいと言ってくれています。

一方のツヨの何よりの楽しみは、毎週日曜日、パパに近所の日帰り温泉に連れていってもらうこと。もう十年以上続きます。パパは疲れていても、二日酔いでも、お腹が痛くても、必ずツヨとの約束を守る、こうと決めたらやり通す強い人なのです。

つくづく思います。家族は自分を曲げない人ばかりだ（たぶん、私は芯が強いけれど柔軟な人間）。でも、やっぱり物は考えよう。自分を曲げない人たちは私にはない強さをもっている。三人とも嫌なずる賢さがない。わかりやすい。私は三人の突き進む道を、ハラハラしながら、時にあきれながら伴走するのみ。何だかすごく面白い、愛すべき人たちだなぁと感心しながら！

参考文献等

- E・ショプラーほか編著、佐々木正美・青山均監訳『自閉症児の発達単元267――個別指導のアイデアと方法』岩崎学術出版社、一九八八年
- 太田昌孝・永井洋子編著『自閉症治療の到達点2 認知発達治療の実践マニュアル――自閉症のStage別発達課題』日本文化科学社、一九九二年
- 内山登紀夫『学研のヒューマンケアブックス 本当のTEACCH――自分が自分であるために』学習研究社、二〇〇六年
- 中根晃『子育てと健康シリーズ9 自閉症児の保育・子育て入門』大月書店、一九九六年
- 東田直樹・東田美紀『この地球にすんでいる僕の仲間たちへ――12歳の僕が知っている自閉の世界』エスコアール、二〇〇五年
- 藤岡宏『自閉症の特性理解と支援――TEACCHに学びながら』ぶどう社、二〇〇七年
- 小林隆児・原田理歩『自閉症とこころの臨床――行動の「障碍」から行動による「表現」へ』岩崎学術出版社、二〇〇八年
- 白石正久『自閉症児の世界をひろげる発達的理解――乳幼児期から青年・成人期までの生活と教育』かもがわ出版、二〇〇七年
- 白石雅一『自閉症スペクトラムとこだわり行動への対処法』東京書籍、二〇一三年
- 『自閉症の手引き――自閉症を知っていますか？ 望むのはあなたの「心のバリアフリー」改訂第二版』日本自閉症協会、二〇一六年
- 湯汲英史編著『心理学とセラピーから生まれた 発達促進ドリル（全十巻）』鈴木出版
- 赤木由子作、鈴木たくま絵『はだかの天使（新装版）』新日本出版、一九八八年
- 「世界に一つだけの花」（作詞 槇原敬之）

著者紹介
長谷川桂子（はせがわ・けいこ）
障害児・者親の会「あしたばの会」会長
青山学院大学文学部教育学科（心理学・障害児教育専攻）卒業、
三菱 UFJ 信託銀行に勤務した後、
筑波大学附属久里浜特別支援学校の PTA 会長等を務め、現在に至る。
所属団体：日本自閉症スペクトラム学会、横浜市自閉症協会、
横浜障害児を守る連絡協議会

［ブログ］https://keikototyu.exblog.jp/　手をつないで行こう
［Instagram］アカウント名　kaedehouse

わが家の双子は ASD
発達障害の子どもが生きやすくなる工夫

2024 年 12 月 20 日　発行

著　者　　長谷川桂子
発行者　　荘村明彦
発行所　　中央法規出版株式会社
〒110-0016　東京都台東区台東 3-29-1 中央法規ビル
TEL 03-6387-3196
https://www.chuohoki.co.jp/

印刷・製本　長野印刷商工株式会社
ブックデザイン　加藤愛子（オフィスキントン）

定価はカバーに表示してあります。
ISBN978-4-8243-0173-4

A173
日本音楽著作権協会（出）許諾第 2408463-401 号